ABOUT

H

KOREA HAPPINESS REPORT 2019

KB058397

대국민 행복 측정 프로젝트

서울대학교 행복연구센터 × 카카오 같이가치

안녕지수 프로젝트 소개

2008년 2월, 당시 프랑스 대통령이었던 사르코지는 세 명의 경제학자에게 특명을 내린다. 2007년 노벨 경제학상 수상자인 미국 컬럼비아대학의 조지프 스티글리츠Joseph Stiglitz 교수, 1998년 노벨 경제학상 수상자인 미국 하버드대학의 아마르티아 센Amartya Sen 교수, 그리고 자국의 장 폴 피투시Jean Paul Fitoussi 교수에게 다음의 질문들에 답을 찾는 미션을 부여한 것이다.

• 사회가 번영하고 있는지를 판단할 수 있는 최적의 통계치는 무엇일까?
• GDP만으로 사회의 번영을 측정할 수 있을까?
• GDP를 보완할 수 있는 새로운 측정치로는 무엇이 좋을까?

스티글리츠, 센, 피투시 교수가 주축이 된 '경제 성과와 사회적 진보 측정 위원회'(이하 사르코지 위원회)가 내놓은 답은 다음과 같았다.

첫째, 생산에서 웰빙으로 관심을 옮겨야 한다.
둘째, GDP만으로는 번영의 참된 모습을 측정할 수 없다.
셋째, 국민들의 주관적 행복을 측정해야 한다.

생산에서 웰빙으로! 국가 정책 기조의 근본적인 전환을 촉구한 것이다. 사르코지 위원회는 가장 중요한 첫걸음으로 국민들의 주관적 행복을 측정할 것을 권고하였다.

인류는 인류에게 중요하다고 생각하는 것들을 측정해왔다. 먹고사는 문제가 중요하기 때문에 우리는 생산과 소비, 고용과 분배에 관한 것들을 측정해왔다. 인간의 지적 능력이 중요하다고 생각했기 때문에 IQ라는 개념을 만들고 측정해왔다. 건강도 예외가 아니다. 콜레스테롤지수, 간기능지수, 체질량지수 등은 이미 우리의 일상적인 용어가 된 지 오래다. 이렇게 만들어진 경제지수, IQ 점수, 그리고 건강지수들은 날이 갈수록 더 중요해지고 있다.

무언가를 측정한다는 것은 우리 사회가 그것을 중요하게 생각하고 있음을 의미한다. 동시에 앞으로 더 중요하게 간주하겠다는 의지의 표현이다. 서울대학교 행복연구센터와 카카오가 측정하고 있는 '안녕지수'는 이 두 가지 의미에 잘 부합한다.

객관적인 삶의 조건도 중요하지만, 그런 삶의 조건에 반응하는 우리의 마음도 중요하다. 객관적인 경제 상황이 중요하지만 소비자가 실제 느끼는 '체감 경기'가 중요하고, 물리적인 온도도 중요하지만 '체감 온도'가 중요한 것과 같다. 그동안 우리는 객관적인 삶의 여건들만을 집중적으로 측정해왔다. 이제는 우리의 마음을, 우리의 행복을 '안녕지수'라는 이름으로 측정하고자 한다.

대한민국 매일매일의 안녕을 측정하다

UN에서 발표하는 '세계 행복 보고서 World Happiness Report'를 비롯한 기존의 행복 측정치들은 중요한 한계점을 지니고 있다. 바로 '실시간으로 안녕을 측정하지 못하고 있다'는 점이다. UN 세계 행복지수는 일 년에 단 한 번 측정한다. 그러다 보니 매일매일의 삶에 반응하는 우리 마음의 변화를 민감하게 알아낼 수가 없다. 뿐만 아니라 조사에 동원되는 사람들의 수도 많지 않다. UN 조사는 각 나라에서 15세 이상 성인 1천여 명만을 대상으로 진행된다.

이런 한계를 극복하기 위해서는 다수의 사람들이 실시간으로 자신의 안녕을 보고할 수 있는 플랫폼이 필요하다.

서울대학교 행복연구센터는 카카오 같이가치 팀과 뜻을 모아 2017년 9월부터 지금까지 대한민국 사람들의 행복을 실시간으로 측정해오고 있다. 서울대학교 행복연구센터가 개발한 '안녕지수' 측정키는 카카오 마음날씨 플랫폼(together.kakao.com/hello)에 탑재되어 있어서 이용자들이 원할 때 언제든지 자유롭게 참여할 수 있다. 뿐만 아니라 행복과 관련한 다양한 심리 검사들을 무료로 제공하고 있다.

지난 1년 6개월여간 150만 명 이상의 대한민국 사람들이 한 번 이상 안녕지수 테스트에 참여했고, 누적 건수로는 300만 건 이상의 데이터가 축적되있다 한국에서뿐만 아니라 전 세계적으로도 이와 같이 방대한 규모의 데이터는 찾아보기 힘들다. 우리는 이 방대한 자료를 분석하여 대한민국 사람들의 행복을 체계적으로 분석하고자 한다.

세계 최초, 최대 규모의 '대국민 실시간 행복 연구'
안녕지수의 특별함은 단순히 응답자가 많다는 데 있지 않다. 안녕지수는 카카오 마음날씨의 온라인 플랫폼을 활용하고 있기 때문에 사람들이 원하는 시간과 장소에서, 하루에도 몇 번이고 자신의 마음 상태를 실시간으로 자유롭게 측정할 수 있다는 강점을 가지고 있다.

노벨 경제학상을 받은 심리학자 대니얼 카너먼 Daniel Kahneman 은 우리 안에 서로 다른 자아들, 즉 '기억하는 자아 remembering self '와 '경험하는 자아 experiencing self '가 존재한다고 이야기한다. 사람들은 자신이 기억하는 나와 실제 행동하는 내가 같은 모습이라고 믿지만, 실제로 이 둘 간에는 상당한 괴리가 존재한다. 행복 역시 과거 '기억'에 의존된 행복과 실제 '경험'되는 행복은 다르다.

안녕지수는 "당신은 지금 얼마나 행복합니까?"라고 묻는다. 안녕지수는 사람들의 '지금 이 순간'에 관심을 가지고 있다. 전반적인, 평균적인 행복이 아니라 '지금 이 순간'에 느끼고 있는 만족감, 의미, 스트레스를 재는 것을 목표로 한다.

안녕지수가 우리에게 가르쳐줄 수 있는 것들
우선, 주가지수처럼 매일매일의 안녕지수를 얻을 수 있다. 또한 우리의 안녕이 중요한 국가적 사건이나 날씨와 같은 외적인 변수들에 의해 어떻게 변하는지도 민감하게 알아낼 수 있다. 지역별, 연령별, 성별, 요일별, 시간대별 안

지금 우리에게 '안녕지수'가 필요한 이유

기존 행복 조사

1회적으로 행복을 측정한다

1회적으로 행복을 측정할 경우,
'누가' 행복한지는 알 수 있어도
'언제' 행복한지는 알 수 없다.

서울대×카카오 행복 조사

365일 24시간 행복을 측정한다

안녕지수는 365일 24시간 내내
온라인상에서 이루어지기 때문에
기존 조사의 한계를 극복할 수 있다.

1천 명의 행복 데이터

UN의 행복 조사에는 각국에서 15세 이상
약 1,000명이 참가한다. 이를 세대별
(20, 30, 40, 50, 60대 이상)로 나눈다면
각 연령대 참가자가 200명인 셈이고,
이를 다시 남녀로 구분하면 세대별·성별
참가자는 각각 100명밖에 되지 않는다.

100만 명의 행복 데이터

2018년 한 해 동안만 총 104만 3,611명이
안녕지수 조사에 참여했으며,
한 사람이 1회 이상 참가할 수 있었기 때문
에 응답 건수 기준으로는 총 227만 675건
의 행복 데이터를 분석했다.

3

개개인의 심리적 특성을 고려한 분석

안녕지수는 개개인의 심리적 특성들에 대한
조사와 함께 진행함으로써 개인의
심리적 특성이 행복감에 어떤 영향을
주는지도 알아보았다.

4

행복에 관한 '특별한 질문'에 답을 찾다

안녕지수를 통해 이제 우리는 경제지표와
정치사회적 여론조사만으로는 결코
알 수 없는 '행복'에 관한 대한민국의
진짜 마음 지표를 그릴 수 있게 되었다.

녕의 차이도 알아낼 수 있다. 무엇보다 매년 방대한 데이터가 축적됨으로써 우리 사회의 특징과 변동을 '안녕'이라는 창문을 통해서 들여다볼 수 있다.

안녕이라는 키워드를 이용하여 우리나라의 지도를 다시 그려보게 될 것이다. 지역별 안녕지도, 연령별 안녕지도를 상상해보자. 이런 지도들이 삶의 중요한 대화의 소재가 될수록 우리 사회는 우리의 마음과 안녕에 더 귀 기울이게 될 것이다.

뿐만 아니라 그동안 막연히 짐작만 했던 질문들에 대한 답을 얻을 수 있게 되었다.

➡ 2018년 대한민국이 가장 행복했던 하루는 언제였을까?
➡ 일주일 중 어느 요일에 가장 행복할까?
➡ 지역별로 사람들의 행복에 차이가 있을까?
➡ 명절에는 정말 여자들의 행복감이 낮을까?

또한 한 해 동안 우리 사회에서 일어났던 주요 사건들이 과연 우리를 더 행복하게 했는지도 확인할 수 있다.

➡ 남북 정상회담은 우리를 행복하게 했을까?
➡ 러시아 월드컵 독일전 승리는 우리를 행복하게 했을까?
➡ 부동산 대책이 발표된 날에 우리의 행복은 낮아졌을까?

안녕지수 데이터는 시간이 지날수록 더욱더 빛을 발할 것이다. 안녕지수 조사에 지속적으로 참여하는 사람들이 늘어나면서, 한 개인 내부에서 일어나는 심리 상태의 변화를 추적하는 것이 가능해질 것이다. 청소년에서 성인, 성인에서 중년이 되면서 사람들의 행복은 어떻게 달라지는지, 그리고 한국 사회의 변화와 함께 사람들의 행복은 어떠한 모습으로 바뀌는지를 살펴볼 수 있는 귀중한 자료가 되어줄 것이다. 장기적으로 안녕지수에 관한 데이터 구축은 한국 사회와 한국인의 마음을 이해하는 소중한 국가적 유산을 남기는 일이 될 것이다.

Contents

Part 02
대한민국 심리 보고서 ───────────────────────○

Part
01

대한민국 안녕 보고서

Korea Happiness Report

How to Measure Happiness

'행복'을 어떻게
측정할 수 있을까?

안녕지수 측정 방법

서울대학교 행복연구센터는 카카오 같이가치 팀과 뜻을 모아 2017년 9월부터 지금까지 대한민국 사람들의 마음 상태를 측정해오고 있다. 서울대학교 행복연구센터가 개발한 행복 측정치인 '안녕지수'는 카카오 마음날 씨 플랫폼에서 365일 24시간 언제든지 자유롭게 측정해볼 수 있다. 지난 1년 6개월여간 150만 명 이상의 사람들이 한 번 이상 안녕지수 측정에 참여했고, 누적건수로는 300만 건 이상의 데이터가 축적되었다. 그런데 눈에 보이지도 않고 증명할 수도 없는 '행복'이라는 마음을 과연 어떻게 측정했을까? 안녕지수가 사용한 행복 측정 방법을 살펴보자.

행복을 측정하는 가장 확실한 방법은 사람들에게 직접 물어보는 것이다. 내 마음이 어떤지를 가장 잘 아는 사람은 결국 나 자신이기 때문이다. 그래서 심리학에서는 행복을 '주관적 안녕감 subjective well-being'이라고 부르기도 한다. 객관적인 기준이나 타인의 평가에 의해서가 아니라 자신의 주관적 잣대로 스스로의 삶을 평가하는 것이 행복의 핵심이라고 보기 때문이다.

주관적 안녕감은 크게 두 가지 요인으로 구성된다. 하나는 '삶에 대한 만족도'이고, 다른 하나는 '정서적인 균형'이다. 본인의 삶에 만족할수록, 그리고 일상에서 긍정적 정서를 많이 경험하고 부정적인 정서를 적게 경험할수록 행복하다고 규정한다.

그러나 인간은 만족스럽고 즐거운 삶, 그 이상을 추구하는 존재다. 빅터 프랭클 Viktor Frankl 의 표현을 빌리자면 인간은 의미를 추구하는 존재다. 아리스토텔레스도 진정으로 행복한 삶이란 쾌快를 넘어선 선善과 덕德이 있는 삶, 즉 의미와 목적이 있는 삶이라고 이야기했다. 따라서 삶에 대한 만족과 좋은 기분만으로 행복을 정의하고 측정하는 것은 행복이 지니는 다양한 의미를 담아내는 데 한계가 있다. 그래서 일부 심리학자들은 '주관적 안녕감'이라는 용어 대신에 '심리적 안녕감 psychological well-being'이라는 개념을 제안하고, 자기 성장과 삶의 의미와 목적을 행복의 중요 요소로 보기도 한다. 이런 접근을 유데모니아적 Eudaimonic 행복관이라고 한다.

행복을 측정하는 10가지 질문

행복연구센터는 이와 같은 행복 연구의 전통과 최근 연구의 흐름을 두루 반영하여 행복의 다양한 의미를 최대한 모두 담아낼 수 있도록 안녕지수를 구성했다. 안녕지수는 삶에 대한 만족감과 정서 상태, 그리고 삶의 의미를 측정하는 총 10개의 문항으로 구성되었다.

안녕지수 측정 문항

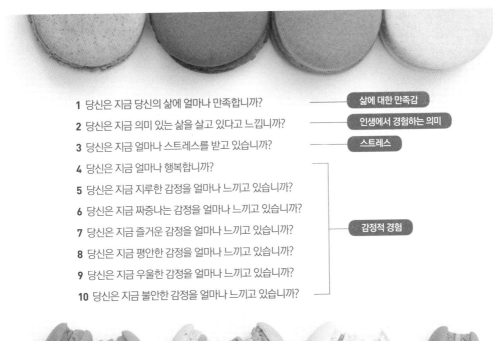

1 당신은 지금 당신의 삶에 얼마나 만족합니까? — 삶에 대한 만족감

2 당신은 지금 의미 있는 삶을 살고 있다고 느낍니까? — 인생에서 경험하는 의미

3 당신은 지금 얼마나 스트레스를 받고 있습니까? — 스트레스

4 당신은 지금 얼마나 행복합니까?

5 당신은 지금 지루한 감정을 얼마나 느끼고 있습니까?

6 당신은 지금 짜증나는 감정을 얼마나 느끼고 있습니까?

7 당신은 지금 즐거운 감정을 얼마나 느끼고 있습니까? — 감정적 경험

8 당신은 지금 평안한 감정을 얼마나 느끼고 있습니까?

9 당신은 지금 우울한 감정을 얼마나 느끼고 있습니까?

10 당신은 지금 불안한 감정을 얼마나 느끼고 있습니까?

실제 안녕지수 측정 화면 ➡

응답자들은 모든 질문에 대하여 0부터 10까지의 11점 척도에서 반응했다. 0부터 10까지의 11점 척도를 사용한 이유는, UN '세계 행복 보고서'에서 발표하는 행복지수(주로 삶의 만족도 점수를 사용)와 비교 가능하도록 하기 위해서다. 이 조사에서도 삶에 대한 만족도 측정을 위해 11점 척도를 사용하고 있다. OECD 역시 삶의 만족도 측정을 위해 11점 척도 사용을 권장하고 있다.

안녕지수는 앞장의 10개 문항을 합한 값을 계산하여 도출되었다. 스트레스는 부정적 정서 경험에 포함되지만, 스트레스 자체가 갖는 의미가 있기 때문에 따로 떼어서 분석했다.

안녕지수 하위 지표

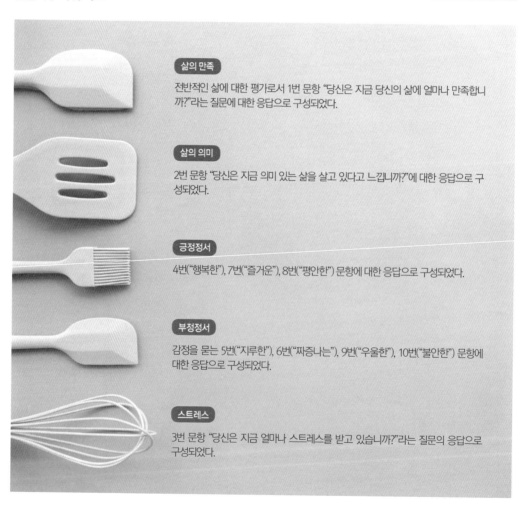

삶의 만족

전반적인 삶에 대한 평가로서 1번 문항 "당신은 지금 당신의 삶에 얼마나 만족합니까?"라는 질문에 대한 응답으로 구성되었다.

삶의 의미

2번 문항 "당신은 지금 의미 있는 삶을 살고 있다고 느낍니까?"에 대한 응답으로 구성되었다.

긍정정서

4번("행복한"), 7번("즐거운"), 8번("평안한") 문항에 대한 응답으로 구성되었다.

부정정서

감정을 묻는 5번("지루한"), 6번("짜증나는"), 9번("우울한"), 10번("불안한") 문항에 대한 응답으로 구성되었다.

스트레스

3번 문항 "당신은 지금 얼마나 스트레스를 받고 있습니까?"라는 질문의 응답으로 구성되었다.

행복을 측정할 수 있는 가장 확실한 방법은
자기 마음의 답을 듣는 것이다.
내 마음이 어떤지 가장 잘 아는 사람은
결국 나 자신이기 때문이다。

안녕지수 프로젝트에
참가한 사람들은 누구였을까?

○

안녕지수 프로젝트의 성별·연령별·지역별 참여자 분석

2018년 한 해 동안, 104만 3,611명이 안녕지수 조사에 참여했다. 한 사람이 1회 이상 참가할 수 있었기 때문에, 응답 건수 기준으로는 총 227만 675건의 응답이 수집되었다. 하루 평균 2,859명이 참가했고, 하루 평균 6,221건의 응답이 수집되었다. 국내외적으로 유례를 찾아볼 수 없을 정도로 많은 수의 사람들이 참여한 행복 조사다.

행복 측정 후 각 개인의 행복 수준에 대한 피드백을 제공하는 것 이외에는 조사비를 제공하는 등의 인센티브 제공은 없었다. 철저하게 자발적으로 이루어졌으며, 응답자의 개인 정보 보호를 위해 성, 거주 지역, 나이 외의 개인 정보는 수집하지 않았다.

성별 비율

단위 : 명

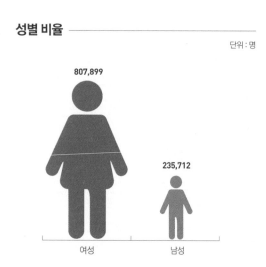

807,899

235,712

여성   남성

여성 응답자가 남성 응답자보다 3.4배 더 많았다. 남성 응답자가 여성 응답자보다 적었지만, 남성 응답자의 수도 23만 명에 달했기 때문에, 표본 수의 차이로 인해 남녀의 차이가 왜곡되어 나타날 가능성은 거의 없다.

연령별 비율

단위 : 명

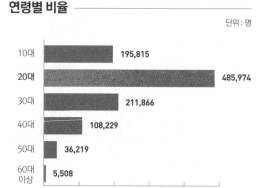

연령	값
10대	195,815
20대	485,974
30대	211,866
40대	108,229
50대	36,219
60대 이상	5,508

20대가 48만 5,974명(46.6%)으로 가장 많았다. 20~30대 이용자에 비해 다른 연령대, 특히 60대 이상의 비율이 낮아서 대표성에 대한 우려가 있을 수 있다. 그러나 UN '세계 행복 보고서'가 각국에서 약 1,000명 내외를 표집한 결과에 기초하고 있다는 점에 비추어 보면, 안녕지수 조사에서는 60대 이상도 5,508명(0.5%)이나 참여했기 때문에 응답의 대표성에는 큰 무리가 없을 것으로 판단된다.

응답자의 지역별 분포

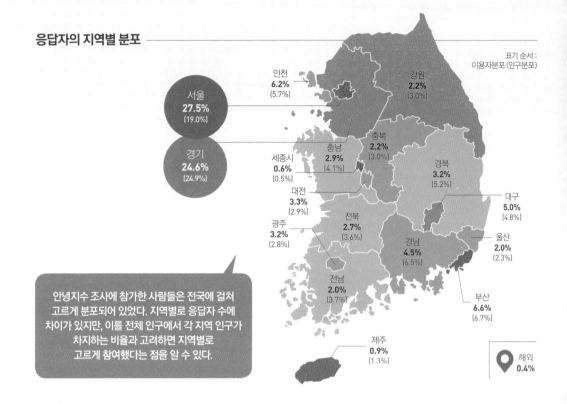

표기 순서 :
이용자분포 (인구분포)

인천
6.2%
(5.7%)

강원
2.2%
(3.0%)

서울
27.5%
(19.0%)

경기
24.6%
(24.9%)

충북
2.2%
(3.0%)

세종시
0.6%
(0.5%)

충남
2.9%
(4.1%)

경북
3.2%
(5.2%)

대전
3.3%
(2.9%)

대구
5.0%
(4.8%)

광주
3.2%
(2.8%)

전북
2.7%
(3.6%)

울산
2.0%
(2.3%)

경남
4.5%
(6.5%)

전남
2.0%
(3.7%)

부산
6.6%
(6.7%)

제주
0.9%
(1.3%)

해외
0.4%

> 안녕지수 조사에 참가한 사람들은 전국에 걸쳐
> 고르게 분포되어 있었다. 지역별로 응답자 수에
> 차이가 있지만, 이를 전체 인구에서 각 지역 인구가
> 차지하는 비율과 고려하면 지역별로
> 고르게 참여했다는 점을 알 수 있다.

안녕지수 응답 횟수별 응답자 수

표기순서 : 응답 비율
(응답자 수)

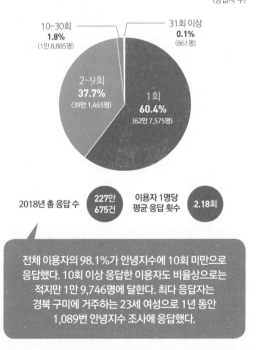

10~30회
1.8%
(1만 8,885명)

31회 이상
0.1%
(861명)

2~9회
37.7%
(39만 1,465명)

1회
60.4%
(62만 7,575명)

2018년 총 응답 수 | **227만 675건**

이용자 1명당 평균 응답 횟수 | **2.18회**

> 전체 이용자의 98.1%가 안녕지수에 10회 미만으로
> 응답했다. 10회 이상 응답한 이용자도 비율상으로는
> 적지만 1만 9,746명에 달한다. 최다 응답자는
> 경북 구미에 거주하는 23세 여성으로 1년 동안
> 1,089번 안녕지수 조사에 응답했다.

성별·연령별 평균 응답 횟수

단위 : 회

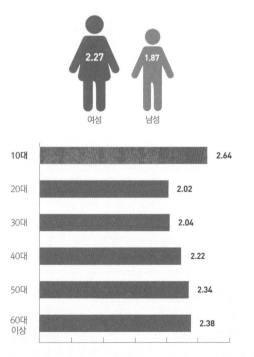

2.27 여성

1.87 남성

10대	2.64
20대	2.02
30대	2.04
40대	2.22
50대	2.34
60대 이상	2.38

사람들은 언제
안녕지수에 응답했을까?

안녕지수 프로젝트의 월별·요일별·시간대별 참여자 분석

안녕지수 조사 자료의 대표성을 확인하기 위해서는 성별·연령별·지역별 참여자 수를 검토하는 것도 필요하지만, 월별·요일별·시간대별 참여자 수를 검토하는 것도 필요하다.

월별 안녕지수 응답 횟수를 살펴보면 3월 한 달 동안 응답 횟수가 가장 많았고, 요일별로 보면 일주일 중 유독 금요일에 응답 건수가 높았다. 시간대별로 보면 낮 12시에서 1시 사이에 가장 많은 응답이 이루어졌다.

월별 안녕지수 응답 빈도
단위 : 회

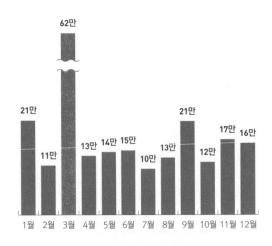

요일별 응답 빈도
단위 : 회

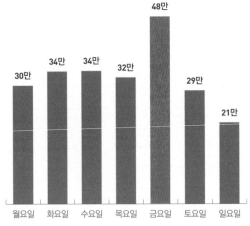

각 월별 참여자 수는 충분했다.
3월의 응답 건수가 62만 1,636회로 유독 많았으나,
이는 안녕지수 조사 참여자들에게
이모티콘을 제공하는 이벤트가
진행되었기 때문에
나타난 일시적 현상이었다.

전체 응답의 21%가 금요일에 수집되었으며,
주말(특히 일요일)에는 응답 건수가 대폭 감소했다.
그러나 요일별 최소 20만 건 이상의 응답이
수집되었기 때문에 요일별 안녕지수의 차이가
요일별 응답 수의 차이로 인해
발생할 가능성은 거의 없다.

시간대별 응답 빈도

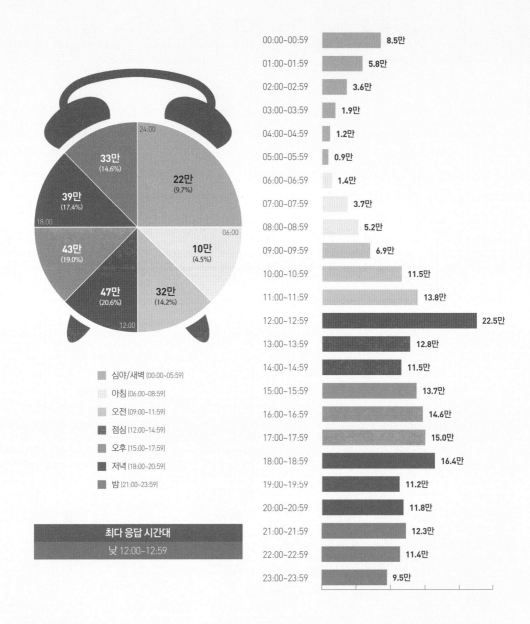

시간대	빈도
00:00~00:59	8.5만
01:00~01:59	5.8만
02:00~02:59	3.6만
03:00~03:59	1.9만
04:00~04:59	1.2만
05:00~05:59	0.9만
06:00~06:59	1.4만
07:00~07:59	3.7만
08:00~08:59	5.2만
09:00~09:59	6.9만
10:00~10:59	11.5만
11:00~11:59	13.8만
12:00~12:59	22.5만
13:00~13:59	12.8만
14:00~14:59	11.5만
15:00~15:59	13.7만
16:00~16:59	14.6만
17:00~17:59	15.0만
18:00~18:59	16.4만
19:00~19:59	11.2만
20:00~20:59	11.8만
21:00~21:59	12.3만
22:00~22:59	11.4만
23:00~23:59	9.5만

원형 차트:
- 22만 (9.7%)
- 10만 (4.5%)
- 32만 (14.2%)
- 47만 (20.6%)
- 43만 (19.0%)
- 39만 (17.4%)
- 33만 (14.6%)

범례:
- 심야/새벽 (00:00~05:59)
- 아침 (06:00~08:59)
- 오전 (09:00~11:59)
- 점심 (12:00~14:59)
- 오후 (15:00~17:59)
- 저녁 (18:00~20:59)
- 밤 (21:00~23:59)

최다 응답 시간대
낮 12:00~12:59

하루 중 안녕지수 응답이 가장 빈번했던 시간대는 점심 시간대(20.6%)와 오후 시간대(19.0%)였고,
심야/새벽 시간대(9.6%)와 아침 시간대(4.5%)가 가장 낮았다.
1시간 단위로 나누어 응답 횟수를 살펴보면 낮 12:00~12:59이 22.5만 회(9.9%)로 가장 높았다.
점심 시간대에 가장 빈번하게 스마트폰을 사용한다는 점을 추측할 수 있다.

Happiness in 2018

2018년 대한민국, 안녕하셨나요?

2018년 대한민국 안녕지수 분석

2018년 우리나라 국민의 안녕지수는 어느 정도였을까? 우리나라 국민은 자신의 삶에 얼마나 만족하고, 삶의 의미를 얼마나 느꼈을까? 스트레스의 수준은 어느 정도였을까?

2018년도 한국인의 안녕지수 평균 점수는 10점 만점에 5.18점이었다(표준편차 1.83점). 안녕지수의 중간값이 5점임을 감안했을 때, 2018년 한국인의 행복 수준은 '보통'이었다고 할 수 있다. 그러나 평균값 하나만을 가지고 한국인의 행복 수준을 규정하는 것은 충분치 않기 때문에, 안녕지수의 점수대별 분포 현황을 살펴볼 필요가 있다.

대한민국 안녕지수와 행복 수준

아주 좋지도, 아주 나쁘지도 않았던 보통의 행복

2018년 한국인의 안녕지수는 평균을 기준으로 종 모양의 정규분포 형태를 이루고 있다. 4~6점대의 중간 안녕 그룹에 약 60% 사람들이 집중되어 있었고, 7점대 이상의 최고 안녕 그룹에는 16.6%, 3점대 이하의 최저 안녕 그룹에는 23.4%의 응답자들이 분포되어 있었다. 7점대 이상을 최고 안녕 그룹이라고 부르고, 3점대 이하를 최저 안녕 그룹이라고 정한 이유는, 평균 5.18점을 기준으로 1 표준편차(1.83) 상하 그룹에 해당하기 때문이다.

'0점 이상 1점 미만'과 '9점 이상' 점수대의 응답자 비율도 각각 1.5%와 2.1%에 달했다. 자기 삶에 전혀 만족하지 못하고, 삶의 의미를 발견하지 못하며, 정서적 경험 또한 매우 부정적인 사람들의 숫자가 1.5%라는 점은, 비율로 보면 경미한 숫자이지만 응답자의 수로

표준편차
자료를 대표하는 값으로 '평균'을 많이 사용한다. 그러나 평균값을 알아도 자료들이 평균으로부터 얼마나 흩어져 있는지에 따라 자료의 특징은 크게 달라진다. 이때 자료가 평균을 중심으로 얼마나 떨어져 있는지를 나타내는 수치를 '표준편차'라고 한다. 표준편차가 0에 가까우면 자료 값들이 평균 근처에 집중되어 있다는 뜻이며, 표준편차가 클수록 자료 값들이 널리 퍼져 있다는 뜻이다.

보면 1만 5,000여 명에 이르는 큰 숫자다. 반면에 9점대 이상에 해당하는 사람들도 2.1%로 2만 2천여 명에 이르렀다.

2018년 대한민국 안녕지수 점수 분포

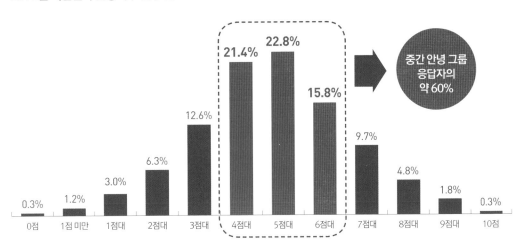

한국인들의 안녕지수 평균 점수는
10점 만점에 5.18점이었다.
안녕지수의 중간값이
5점임을 감안했을 때,
2018년 한국인들의 행복 수준은
'보통'이었다고 할 수 있다.

2018년 대한민국은 얼마나 자기 삶에 만족했을까?

·······································

2018 대한민국 삶의 만족도

○

UN에서 발표하는 국가별 행복 순위는 '삶의 만족도'를 기준으로 결정된다. 가장 행복한 나라, 즉 삶의 만족도가 최상인 나라들은 핀란드, 노르웨이, 덴마크 등 북유럽 국가들이다. 대한민국은 2018년 57위를 차지하며 다소 아쉬운 수준에 머물렀다. 그러나 그것은 어디까지나 평균 점수에 근거한 순위일 뿐 개개인의 삶의 만족도 수준은 천차만별이다. 2018년 한국인의 삶의 만족도를 구체적으로 살펴보자.

안녕지수를 구성하는 하위 요소 10개 중 가장 먼저 살펴볼 대상은 '삶의 만족도'다. 그 이유는 다음 3가지다.

첫째, 우리가 잘 알고 있는 세계 행복 순위가 바로 삶의 만족도 순위이기 때문이다. UN에서는 주기적으로 150여 개국의 행복 수준을 조사하여 '세계 행복 보고서'를 발행하고 있다. 국가 간 행복 순위 자료들 중 가장 신뢰할 수 있는 자료가 바로 이 보고서다. 이 지표에서의 순위는 각 국가 국민들이 자신의 삶에 대해 내리는 전반적인 평가, 즉 삶의 만족도를 측정하여 매긴 순위다. 이 조사에서는 응답자들로 하여금 자신의 삶 전반에 대하여 0점(더 이상 나쁠 수 없다)에서 10점(더 이상 좋을 수 없다) 사이에서 평가하게 한다. 이 질문은 안녕지수의 하위 항목인 삶의 만족도("당신은 지금 당신의 삶에 얼마나 만족하십니까?")와 거의 동일한 질문이다.

둘째, OECD가 행복 측정을 위해 가장 중요시하는 것이 삶의 만족도 측정이기 때문이다. OECD는 소속 국가들에게 행복 측정을 위해서 가장 먼저 삶의 만족을 측정하라고 권고한다. 이 권고를 충실히 따르고 있는 영국은 "전반적으로 요즘 당신의 삶에 얼마나 만족하십니까?"라는 질문을 통해 영국인의 행복을 주기적으로 측정하고 있다. 안녕지수의 삶의 만족도 질문은 영국의 질문을 약간 변형한 형태다.

셋째, 안녕지수의 삶의 만족도 점수를 UN 세계 행복 보고서의 만족도 점수와 비교하면, 본 조사 자료의 신뢰성을 검토할 수 있기 때문이다. 안녕지수 측정에서 도출된 삶의 만족도 값이 이미 발표된 UN 세계 행복 보고서의 한국인 삶의 만족도와 비슷하다면, 안녕지수 데이터를 신뢰할 수 있는 하나의 근거가 될 것이다.

2018년 대한민국의 삶의 만족도

2018년 한국인의 삶의 만족도 평균은 5.82점이었다. 놀랍게도 이 점수는 2018년 UN 세계 행복 보고서에서 발표된 대한민국 삶의 만족도 5.87과 거의 일치했다. 이는 본 안녕지수의 조사가 신뢰할 수 있다는 점을 보여준다.

삶의 만족도 분포는 아래 그래프와 같다. 안녕지수와 마찬가지로 평균값(5.82)을 기준으로 정규분포를 잘 따르고 있다. 이 분포를 자세히 검토하면 대한민국의 행복 수준을 단순히 '낮다'거나 '50위권'이라는 한마디로 규정할 때 놓치기 쉬운 중요한 사실들을 발견하게 된다.

2018년 대한민국 삶의 만족도

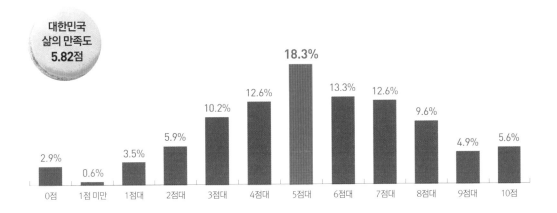

대한민국
삶의 만족도
5.82점

2.9% | 0.6% | 3.5% | 5.9% | 10.2% | 12.6% | **18.3%** | 13.3% | 12.6% | 9.6% | 4.9% | 5.6%

0점 | 1점 미만 | 1점대 | 2점대 | 3점대 | 4점대 | 5점대 | 6점대 | 7점대 | 8점대 | 9점대 | 10점

대한민국에도 북유럽 수준의 행복을 누리는 사람들이 많다

2018년 UN 세계 행복 보고서에 따르면 한국은 5.87점으로, 156개국 중 57위를 차지했다. 1위는 핀란드였고, 뒤를 이어 노르웨이, 덴마크 등 북유럽 국가들이 최상위권을 차지했다. 캐나다, 뉴질랜드, 호주 등 북미 및 오세아니아 주요 국가들도 10위권 근처의 상위권을 차지했다. 10위에서 40위 안에는 서유럽 국가와 중남미 국가들이, 40위에서 70위권에는 동아시아와 동유럽 국가들이, 70위에서 110위에 사이에는 동남아시아와 서남아시아 국가들이 주로 분포해 있었고, 최하위권에는 주로 아프리카 국가들이 자리하고 있었다.

2018년 대한민국의 삶의 만족도 점수를 이들과 비교해보면, 흥미로운 사실을 발견하게 된다.

우선, 세계에서 가장 행복한 국가들인 북유럽 국민들의 평균 만족도 수준을 경험한 응답자의 비율이 전체 응답자의 약 20%를 차지하는 것으로 확인되었다. 북미와 오세아니아 국민들의 평균 만족도 수준을 경험한 응답자의 비율도 12.7%였고, 서유럽과 남미 국민들의 평균 만족도 수준도 13.3%에 달했다.

동아시아와 동유럽 국민들의 평균 만족도 수준을 경험한 비율은 18.3%, 동남아시아와 중동 국가 국민들의 평균 만족도 수준을 경험한 비율은 12.6%였다. 그리고 UN 행복 순위에서 가장 낮은 아프리카 국가 국민들의 평균 만족도 수준만큼의 삶의 만족도를 경험했다고 응답한 비율이 23.1%에 달했다(북유럽의 모든 국가, 아프리카의 모든 국가가 동일한 만족도를 보이는 것은 아니며, 여기서는 평균값을 기준으로 논하고 있음을 밝혀둔다).

이는 우리가 우리의 행복 순위가 57위라는 점에 실망하지만, 실제로 2018년 한 해 동안 국민의 약 5분의 1에 해당하는 사람들은 북유럽 국민들 못지않은 수준의 높은 삶의 만족도를 경험했음을 알려준다. 그러나 동시에 약 4분의 1에 해당하는 사람들이 아프리카 국민들의 평균만큼만 자기 삶에 만족하고 있다는 점도 보여준다. **결국 국민의 20%는 몸은 대한민국에 있지만 마음은 핀란드 사람들과 같고, 국민의 23%는 몸은 대한민국에 있지만, 마음은 기근과 내전에 시달리고 있는 아프리카에서 살고 있는 듯한 상태로 살고 있다는 점을 시사한다.**

국민 행복을 위한 정책적 노력이 누구를 지향해야 하는지에 대해서도 명확한 시사점을 제공해주는 결과다. 즉, 모든 국민의 행복도 중요하지만, 매우 낮은 삶의 만족을 경험하고 있는 행복 극빈층을 위한 대책이 우선시되어야 한다는 점을 보여주는 결과다.

UN 행복 국가 순위와 비교한 대한민국 삶의 만족도 분포

북유럽 수준 만족도 (8점 이상)　　　20.1%

북미·오세아니아 수준 만족도 (7점대)　　　12.7%

서유럽·남미 수준 만족도 (6점대)　　　13.3%

동아시아·동유럽 수준 만족도 (5점대)　　　18.3%

동남아·중동 수준 만족도 (4점대)　　　12.5%

아프리카 수준 만족도 (4점 미만)　　　23.1%

2018년 대한민국은 유쾌했을까?

2018 대한민국 감정 밸런스

○

2018년 우리 국민은 긍정정서와 부정정서 중 어느 감정을 더 많이 경험했을까? 유쾌한 감정과 불쾌한 감정의 차이 값을 토대로 우리의 행복을 측정한 결과, 2018년에는 유쾌한 사람이 더 많았던 것으로 나타났다. 지난 한 해 동안 유쾌했던 날과 불쾌했던 날을 구분해보았을 때도 역시 유쾌한 날이 더 많았다.

행복을 구성하는 또 다른 요인은 감정 affect 이다. 감정은 주로 쾌 pleasant -불쾌 unpleasant 의 차원으로 이해되며, 우리가 흔히 말하는 정서 emotion 와 기분 mood 를 모두 포함한다. 따라서 행복한 상태를 감정이 유쾌한 상태라고 정의하면, 행복이란 긍정적인 정서들을 자주 경험하고 부정적인 정서들은 덜 경험하며, 기분이 좋은 상태도 자주 경험하는 것을 의미한다(정서란 '즐거움', '감사'처럼 이름을 붙일 수 있는 감정 상태이고, 기분이란 '그냥 기분이 좋아'처럼 이유도 모르고 이름도 붙이기 어려운 감정 상태를 의미한다).

행복을 측정하기 위해서 긍정적인 정서 몇 개와 부정적인 정서 몇 개를 이용하는 것이 보편적인데, 안녕지수 측정에서는 긍정정서로 '행복', '평안함', '즐거움'을, 부정정서로 '지루함', '불안', '짜증', '우울'을 사용했다. 긍정정서의 총합과 부정정서의 총합을 계산한 후에 이 둘의 차이 값(감정 밸런스)을 가지고 행복을 정의할 수 있기 때문에, 감정 밸런스 자료를 가지고 2018년 한 해 동안 대한민국이 감정적으로 얼마나 행복했는지를 확인해볼 수 있다.

감정 밸런스 7단계

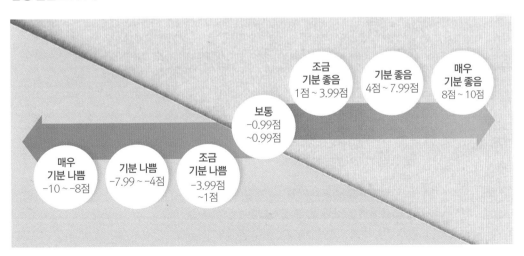

매우 기분 나쁨 -10 ~ -8점 / 기분 나쁨 -7.99 ~ -4점 / 조금 기분 나쁨 -3.99점 ~1점 / 보통 -0.99점 ~0.99점 / 조금 기분 좋음 1점 ~ 3.99점 / 기분 좋음 4점 ~ 7.99점 / 매우 기분 좋음 8점 ~ 10점

감정 밸런스 평균값은 0.62, 표준편차 값은 3.73이었다. 이는 평균적으로 한국인들은 2018년 한 해 동안 긍정정서를 부정정서보다 약간 더 많이 경험했다는 것을 의미한다. 그러나 평균값 하나를 가지고 한국의 한 해 감정 경험을 규정하는 것에 한계가 있기 때문에 감정 밸런스 값을 7단계로 구분하여 각 단계별 응답 비율을 추가적으로 조사해보았다.

감정 상태별 응답자 수

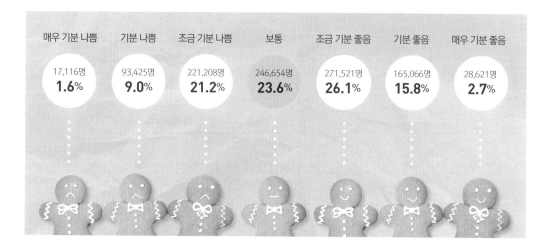

매우 기분 나쁨	기분 나쁨	조금 기분 나쁨	보통	조금 기분 좋음	기분 좋음	매우 기분 좋음
17,116명 **1.6%**	93,425명 **9.0%**	221,208명 **21.2%**	246,654명 **23.6%**	271,521명 **26.1%**	165,066명 **15.8%**	28,621명 **2.7%**

전체적으로 감정 경험이 유쾌했던 사람들과 불쾌했던 사람들이 골고루 존재했지만, 1점 이상에 해당하는 사람들이 44.6%, -1점 이하에 해당하는 사람들이 31.8%였던 점에 비추어 볼 때, 지난 한 해 동안 평균적으로 기분이 좋았던 한국인의 수가 평균적으로 기분 나빴던 한국인의 수보다 1.4배 정도 많았음을 확인할 수 있다.

유쾌했던 날이 많았을까? 불쾌했던 날이 많았을까?
감정 상태 분석을 '사람'을 기준으로 하지 않고, '날'을 기준으로 하면, 한국인의 감정이 평균적으로 유쾌했던 날과 불쾌했던 날을 구분해낼 수 있다. 2018년 한 해 동안 유쾌했던 날은 몇 날이나 되었고, 불쾌했던 날은 몇 날이나 되었을까?

감정 밸런스 점수가 플러스(+)가 된 날을 유쾌한 날, 마이너스(-)가 된 날을 불쾌한 날로 규정해 분석해본 결과, 놀랍게도 2018년 한 해 동안 유쾌한 날이 345일이었고 불쾌한 날은 20일에 불과했다. 이는 사

람들의 기본적인 default 감정 상태가 긍정적이라는 심리학의 연구
결과와 일치하는 결과다.

불쾌한 날들을 요일별로 보면, 불쾌했던 날 총 20일 중 최다 요일은
월요일로 6번을 차지했다. 그 뒤로는 수요일이 4번, 화요일과 목요
일이 가가 3번, 그리고 일요일이 2번 있었다. 금요일과 토요일은 각
각 1번이었다. 월요병의 실재를 보여주는 증거다.

2018년 대한민국의 유쾌한 날과 불쾌한 날의 비율

불쾌한 날의 요일 비율

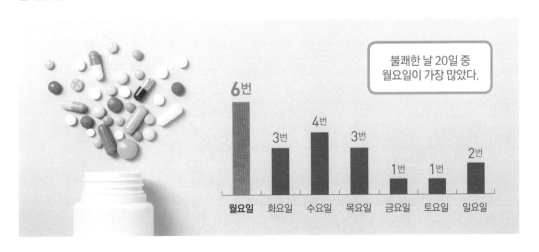

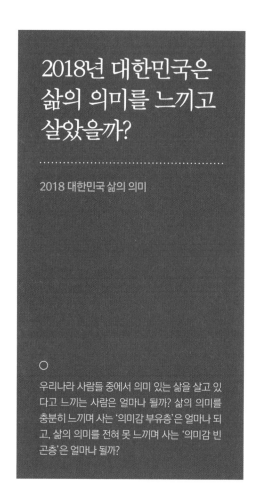

2018년 대한민국은 삶의 의미를 느끼고 살았을까?

2018 대한민국 삶의 의미

○

우리나라 사람들 중에서 의미 있는 삶을 살고 있다고 느끼는 사람은 얼마나 될까? 삶의 의미를 충분히 느끼며 사는 '의미감 부유층'은 얼마나 되고, 삶의 의미를 전혀 못 느끼며 사는 '의미감 빈곤층'은 얼마나 될까?

행복을 구성하는 제3의 요인은 삶의 의미 경험이다. 행복을 연구하는 학자들은 행복을 크게 쾌락적 행복Hedonic well-being 과 의미적 행복(혹은 자아실현적 행복 Eudaimonic well-being)으로 구분한다. 행복을 이 두 가지로 구분하는 것의 필요성에 대한 논의는 여전히 학계에서 진행 중이다. 그러나 OECD는 이 둘의 구분을 수용하여 소속 국가들에게 행복을 측정할 때 의미적 행복까지 측정할 것을 권고하고 있다. 영국도 이 권고를 받아들여서 의미적 행복의 대표적 요소인 삶의 의미와 가치를 측정하고 있다.

안녕지수 조사에서도 이 권고를 수용하여 삶의 의미를 측정하고 있다. 안녕지수 하위 질문 중 "의미 있는 삶을 살고 있다고 느낍니까?"가 삶의 의미 수준을 묻는 항목이다. 2018년 한국인들의 평균 삶의 의미 수준은 5.45점이었다.

앞서 안녕지수나 삶의 만족도 점수 분포가 종 모양의 정규 분포를 이룬 것과 달리 삶의 만족도의 분포는 중간 점수대인 5점대와 상대적으로 낮은 점수대인 2점대, 그리고 높은 점수대인 7점대에 응답자가 몰려 있는 형태를 보였다. **이는 한국인들의 삶의 의미 경험이 양극화되어 있음을 의미한다.**

본 결과에 따르면 한국인 10명 중 3명은 일상 속에서 자기 삶의 의미를 충분히 찾으며 살아가는 의미감 부유층에 속하는 반면, 10명 중 2명은 자신의 삶의 목적과 이유를 찾지 못한 채 하루하루를 그냥 살아가고 있는 의미 빈곤층에 해당한다.

2018년 한국인 평균 삶의 의미 점수

5.45점

2018년 대한민국 삶의 의미 점수

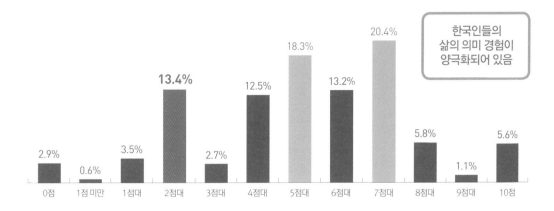

한국인들의
삶의 의미 경험이
양극화되어 있음

0점	1점 미만	1점대	2점대	3점대	4점대	5점대	6점대	7점대	8점대	9점대	10점
2.9%	0.6%	3.5%	**13.4%**	2.7%	12.5%	18.3%	13.2%	20.4%	5.8%	1.1%	5.6%

한국인 10명 중 3명은 일상 속에서 자기 삶의 의미를
충분히 찾으며 살아가는 의미 부유층이었다.

2018년 대한민국의 스트레스는 얼마나 심했을까?

2018 대한민국 스트레스 지수

○

안녕지수의 10가지 하위 지표 중 유일하게 6점 이상을 기록한 스트레스 점수. 과연 얼마나 많은 사람들이 만성적으로 스트레스를 경험하며 살고 있을까? 최고 수준의 스트레스를 경험한 사람만 무려 9만 2천 명에 달하는 것이 대한민국의 현실이다.

스트레스를 부정적 정서 경험에 포함하여 분석할 수도 있지만, 스트레스는 그 자체로 중요한 주제이기 때문에 독립적으로 분석했다.

2018년 한국인의 스트레스 평균 점수는 6.34점으로 10개 안녕지수 하위 경험 중 유일하게 6점 이상을 기록했다. 이는 평소 한국인들이 상당한 수준의 스트레스를 경험하고 있음을 보여준다.

스트레스 점수 분포를 봐도 한국인의 높은 스트레스 수준을 확인할 수 있다. 스트레스 점수는 중간에서 오른쪽, 즉 높은 점수 쪽으로 편향되어 있다. 응답자가 가장 많은 점수는 7점대로 전체 응답자의 29%가 이 점수대에 몰려 있었다. 평균 스트레스 점수가 7점 이상인 응답자가 48.4%로 대략 응답자 절반에 해당하는 숫자가 평소 높은 수준의 스트레스를 경험했음을 알 수 있다. 특히 주목해야 할 부분은 스트레스 점수가 10점인 최고 수준의 스트레스를 경험한다고 보고한 응답자의 비율도 9.2%나 된다는 점이다. 이는 응답자 수로 볼 때 9만 6,000명에 달하는 수치다. 안녕지수 자료를 통해 살펴봤을 때, 2018년 한국인들은 과도한 스트레스 속에서 한 해를 살았다고 할 수 있다.

스트레스 점수 분포

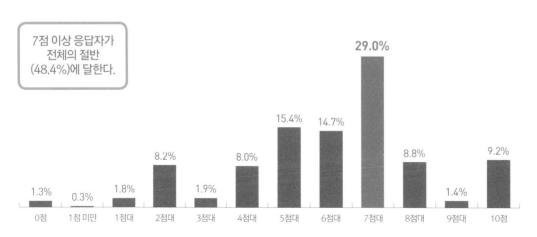

7점 이상 응답자가 전체의 절반 (48.4%)에 달한다.

0점	1점 미만	1점대	2점대	3점대	4점대	5점대	6점대	7점대	8점대	9점대	10점
1.3%	0.3%	1.8%	8.2%	1.9%	8.0%	15.4%	14.7%	29.0%	8.8%	1.4%	9.2%

스트레스 점수가 10점인 최고 수준의 스트레스를
경험한다고 보고한 응답자의 비율이 9.2%나 되었다.
이는 응답자 수로 볼 때 9만 6,000명에 달하는 수치다.

Happiness by Gender & Age

남자와 여자,
누가 더 행복했을까?

성별, 연령별 안녕지수 분석

남자가 더 행복할까, 여자가 더 행복할까? 나이가 들수록 행복은 증가할까, 감소할까? 남녀의 차이는 나이가 들면 사라질까?

남자와 여자의 행복의 차이에 대한 연구는 일관되지 않은 패턴을 보여왔다. 어떤 연구에서는 남자가 더 행복한 것으로, 다른 연구에서는 여자가 더 행복한 것으로 밝혀져서 명확하게 결론을 내리기가 어려웠다. 그러나 본 조사는 참가자의 수가 방대할 뿐 아니라, 매일매일 행복 측정이 이루어졌기 때문에, 남녀의 차이를 검증하기에 매우 유리한 위치에 있다고 할 수 있다.

안녕지수 프로젝트의 데이터 분석 결과, 남성들이 여성들에 비해 높은 수준의 안녕감을 경험하는 것으로 관찰되었다. 남성들의 안녕지수 평균값 5.55점이었고 여성들의 평균값은 이보다 낮은 5.22점이었다. 안녕지수 총점에서의 남녀 차이는 10개의 하위 문항 모두에서 동일하게 재현되었다. **부정적인 심리 경험인 우울함, 불안함, 스트레스, 짜증, 지루함은 여성들에게 높았고, 평안함, 즐거움, 행복, 삶의 만족, 삶의 의미 같은 긍정적인 경험은 남성들에게 더 높았다.** 이 중에서도 '삶의 의미', '우울', '삶의 만족', '불안'에서 남녀 차이가 큰 것으로 확인되었다.

남녀간 안녕지수 점수 차

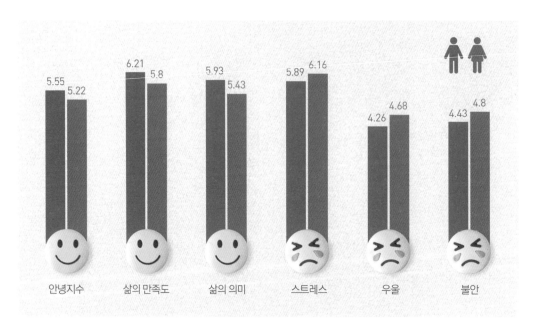

038

2018년 한 해 동안 가장 낮은 수준의
행복을 경험한 세대는 2030 청춘들이었다.
그들은 여전히 '아프니까 청춘'이었다.

어떤 연령대가 가장 행복했을까?

안녕지수와 나이 사이에는 U자형 패턴이 있는 것으로 나타났다. 아래 그래프에서 확인할 수 있듯이, 안녕지수는 10대 때 매우 높았다가, 20~30대 때 최저점을 찍은 후에 반등하기 시작하여 60대 이상에서 최고점을 찍는 패턴을 보였다. 나이와 행복에 관한 다른 연구들의 결과와 일치하는 결과다. 다만 다른 연구들에서와는 달리, 최저점이 20~30대라는 점이 흥미롭다. 한마디로 2018년 한 해 동안 가장 낮은 수준의 행복을 경험한 세대는 2030 청춘들이었다. 그들은 여전히 '아프니까 청춘'이었다.

연령별 평균 안녕지수

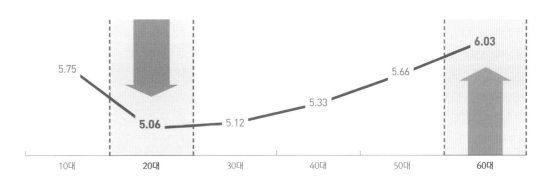

이 패턴이 안녕지수의 하위 요인들에서도 동일하게 나타나는지를 확인한 결과 삶의 만족도, 삶의 의미, 긍정정서(행복, 즐거움, 평안함)에서도 같은 패턴이 발견되었다. 10대와 60대가 비슷한 수준의 높은 긍정적 심리 경험을 했지만 이 두 세대 사이에 미묘한 차이도 발견되었다. 즉, 삶의 만족도와 즐거움은 10대에게서 더 높았고, 삶의 의미와 평안함은 60대에게서 더 높았다. 전체적인 행복 수준에서는 두 세대가 비슷했지만, 10대는 즐거운 행복을 경험했고, 60대 이상은 의미 있고 평안한 행복을 경험한 것이다.

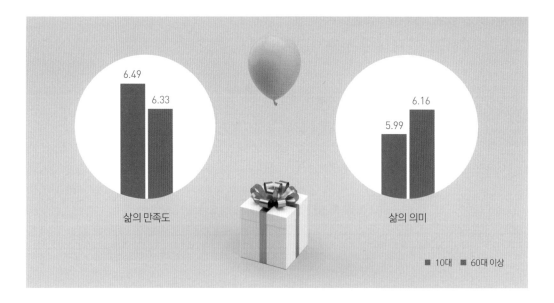

6.49
6.33
삶의 만족도

6.16
5.99
삶의 의미

■ 10대 ■ 60대 이상

부정적 심리 경험인 스트레스와 부정정서(지루함, 짜증, 우울함, 불안함)에서는 역 U자형 패턴이 관찰되었다(부정적 경험이기 때문에 역 U자형 패턴은 긍정적 경험에서의 U자형 패턴과 동일하다). 전반적으로 20대와 30대가 부정적 심리 경험에서 1, 2위를 다투는 가운데 개별 경험에 따라 양상에 차이가 있었다.

지루함, 우울함, 불안함은 20대가 가장 많이 경험했고, 스트레스나 짜증은 30대가 가장 많이 경험하는 것으로 나타났다. 짜증 경험은 40대도 못지 않게 높은 것으로 니타났다.

60대 이상은 모든 부정적 심리를 낮은 수준으로 경험하는 것으로 관찰되었다. 10대와 비교해서도 압도적으로 낮은 수준인 것으로 나타났다. 즉, 60대는 긍정적인 경험을 많이 할 뿐만 아니라, 부정적인 경험을 잘 하지 않는 것으로 보인다. 나이 든 어른들이 "사소한 일에 목숨 걸지 마라", "화를 다스려라", "한 걸음 물러나서 보면 세상을 긍정적으로 보게 된다"는 조언을 하는 이유는 나이가 들면 부정적인 정서 경험을 자연스럽게 하지 않기 때문인 것으로 보인다.

60대 이상은 모든 부정적 심리를
낮은 수준으로 경험하는 것으로 관찰되었다.
60대는 긍정적인 경험을 많이 할 뿐만 아니라,
부정적인 경험을 잘 하지 않는 것으로 보인다.

남자는 언제까지
여자보다 행복할까?

연령별 남녀의 행복도 변화

○
10대 때부터 차이를 보인 남녀의 안녕지수는 과연 언제까지 계속될까? 남성에게서 더 강하게 나타난 U자형 패턴은 무엇을 의미할까? '마냥 행복한 10대 소년'들에게서 원인을 찾을 수 있다. 나이가 들수록 남녀의 행복에 차이가 생기는지, 혹은 특정 연령대에서 반전이 일어나는지에 대해서도 알아본다.

우리는 앞서 두 가지 주목할 만한 결과를 얻었다. 하나는 여자보다 남자가 조금 더 행복하다는 것이고, 또 하나는 50대를 지나면서 행복이 증가한다는 것이다. 그렇다면 연령대에 따른 남녀의 행복 차이는 어떻게 될까? 남녀 모두 50대 이후부터 행복이 반등하기 때문에 행복의 차이가 사라질 것인가, 아니면 나이가 들어도 여전히 남자가 여자보다 행복할 것인가?

여자는 점점 행복해진다

남자가 여자보다 행복한 것은 주로 10대에서 30대 사이에 국한되는 현상이다. 다음 장의 그래프를 보면 남녀의 행복 차이는 10대에서 가장 크게 나타났다가 20대, 30대 순으로 줄어들며 40대부터는 거의 사라지는 것을 확인할 수 있다. 안녕지수의 개별 하위 요인들에서도 마찬가지다. 즉, 삶에 대한 만족도나 삶의 의미, 스트레스, 긍정정서, 부정정서 모두에서 30대까지는 남성이 여성보다 높은 점수를 보일지라도 40대 이후부터는 남녀의 차이가 모두 사라졌다. 심지어 60대의 경우, 비록 통계적으로는 유의하지 않지만 생애 최초로 여성의 행복 점수가 남성을 앞서는 일이 발생하기도 했다.

남자는 10대 때 가장 행복하다

나이와 행복 사이의 U사형 패턴은 여성보다 남성에게서 더 강하게 나타난다. 그 이유는 10대 남자아이들의 행복이 다른 연령대 남자들의 행복보다 월등히 높기 때문이다. '마냥 즐거운 10대 소년들'의 행복 점수가 남성의 U자형 패턴에 큰 영향을 미치고 있는 셈이다.

여자 30대, 남자 40대에 행복의 오름세가 시작된다

내리막으로 치닫던 행복 점수가 오름세로 돌아서는 변곡점 또한 남녀에게서 다르게 나타난다. 남자는 40대를 기준으로 행복이 반등하지만, 여성은 그보다 이른 30대에 바닥을 찍고 반등하는 패턴을 보인다.

왜 여자의 행복이 남자보다 일찍 반등할까? 이에 대해 '여자는 일찍 철이 들기 때문에', 혹은 '남자는 경제적 부양이라는 책임이 힘들기 때문에'라고 추측해볼 수도 있지만, 정확한 이유는 향후 보다 정교한 연구를 통해 밝혀져야 할 것이다.

위의 현상들을 종합해보면 행복의 남녀 차이 측면에서는 40대가 '중요한 균형자 great equalizer' 역할을 한다고 볼 수 있다. 하지만 이 결과가 진정한 의미의 연령 효과인지, 아니면 현재 40~60대 응답자들의 세대적 특징인지는 알 수 없다. 이 세대 응답자들이 겪은 시대적 상황들이 남녀의 행복 차이를 줄여준 것인지, 아니면 대한민국에서는 정말로 나이가 들수록 남녀의 행복 차이가 줄어드는 것인지에 대해서는 앞으로 더욱 정교한 조사를 통해 밝혀나가야 할 것이다.

성별×연령별 평균 안녕지수

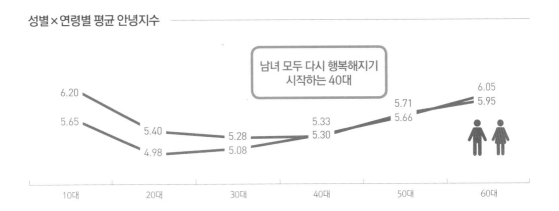

남녀 모두 다시 행복해지기 시작하는 40대

10대	20대	30대	40대	50대	60대
6.20	5.40	5.28	5.33	5.71	6.05
5.65	4.98	5.08	5.30	5.66	5.95

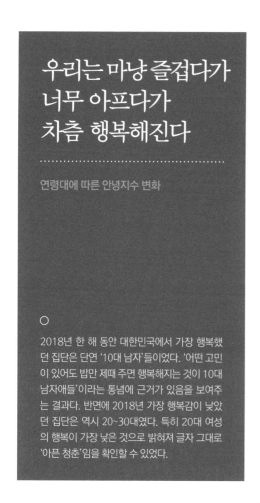

우리는 마냥 즐겁다가 너무 아프다가 차츰 행복해진다

연령대에 따른 안녕지수 변화

○

2018년 한 해 동안 대한민국에서 가장 행복했던 집단은 단연 '10대 남자'들이었다. '어떤 고민이 있어도 밥만 제때 주면 행복해지는 것이 10대 남자애들'이라는 통념에 근거가 있음을 보여주는 결과다. 반면에 2018년 가장 행복감이 낮았던 집단은 역시 20~30대였다. 특히 20대 여성의 행복이 가장 낮은 것으로 밝혀져 글자 그대로 '아픈 청춘'임을 확인할 수 있었다.

나이 들면 아이처럼 행복해진다

60대는 한마디로 10대 시절만큼 행복해지는 연령대다. 개별 정서적 경험들을 분석해본 결과 매우 흥미로운 점을 발견할 수 있었다. 긍정정서와 부정정서의 경험 유무에서 10대와 60대가 정반대의 결과를 나타낸 것이다. 다시 말해 즐겁고 행복한 정서는 10대에게서 높았으나 지루함, 짜증, 우울, 불안 등 부정정서를 경험하지 않는다는 측면에서는 60대 이상이 가장 우수한 것으로 나타난 것이다.

60대는 지루하다? 천만에!

흔히 60대가 되면 '나이로 인한 신체적·인지적 능력의 쇠퇴', '은퇴로 인한 수입의 감소', '죽음에 대한 불안' 등으로 부정적 정서 경험이 증가할 것이라 예상하지만 현실은 정반대로 나타났다. 60대 이상의 경우 젊은이들과 달리 특별히 짜증낼 일도, 특별히 우울하거나 불안해할 일도 없는 것으로 보인다. 60대가 넘으면 단조로운 삶으로 인해 지루해질 것 같다는 통념도 여지없이 무너졌다. 놀랍게도 '지루함' 역시 이 연령대에서 가장 낮은 것으로 나타났기 때문이다.

위의 결과들을 종합해보면 남성의 경우 10대와 60대 이상이 가장 행복하고, 여성의 경우는 50~60대가 가장 행복하다는 것을 알 수 있다. 반대로 남성은 30~40대가, 여성은 20~30대가 가장 불행한 것으로 관찰되었다.

연령별 행복 순위

20대 여성	30대 여성	30대 남성	평균	60대 남성	60대 여성	10대 남성
4.98	5.08	5.28	5.55	5.95	6.05	6.20

항목별 행복 순위

	20대 여성	30대 여성	40대 여성	평균 6.09	10대 여성	60대 이상 여성	10대 남성
삶의 만족도	5.54	5.67	5.84		6.34	6.36	7.13

	20대 여성	30대 여성	40대 남성	평균 5.83	60대 이상 남성	60대 이상 여성	10대 남성
삶의 의미	5.11	5.42	5.66		6.01	6.22	6.70

	60대 이상 남성	60대 이상 여성	10대 남성	평균 5.77	30대 남성	20대 여성	30대 여성
스트레스	4.92	4.99	5.27		6.27	6.35	6.44

마냥 행복한 10대,
아프니까 청춘인 20~30대,
그리고 함께 행복해지기 시작하는 40대。

Happiness by Region

행복한 곳에서 살면
나도 행복해질까?

대한민국 지역별 안녕지수 분석

사는 곳과 행복 사이에는 어떤 관련이 있을까? 우리는 이미 국가별로 행복에 차이가 있고, 한 국가 안에서도 지역별 차이가 있다는 사실을 알고 있다. 예를 들면 미국의 경우 각 주(州)에 따라 행복지수가 다르게 나타난다. 그럼 대한민국은 어떨까? 우리나라처럼 영토가 작고, 동질적인 문화를 지닌 국가에서도 지역별로 행복의 차이가 존재할까? 좁은 국토와 동질적인 문화를 생각하면 지역별로 행복의 차이가 그다지 크지 않을 것 같지만, 반대로 도시와 농촌의 격차, 지역별 소득과 교육 수준의 격차 등을 감안했을 때 행복의 차이가 적지 않을 거라는 예상도 가능하다. 이런 궁금증을 풀기 위해 응답자들의 거주지에 초점을 맞춰 분석을 시도해봤다.

세종, 제주 '맑음' vs. 인천, 서울 '흐림'

우리나라에서 행복 점수가 가장 높은 지역은 세종시인 것으로 나타났다. 세종시는 안녕지수 총점뿐 아니라 각 하위 요인들에서도 가장 높은 점수를 보였다. 그 뒤를 바싹 뒤쫓는 지역이 제주도다. 제주도는 안녕지수와 모든 하위 요인들에서 세종시와 1등을 다툴 정도로 높은 점수를 보였다.

반면에 행복 점수가 가장 낮은 지역으로는 인천과 서울이 꼽혔다. 이 두 지역은 개별 하위 요인들에서도 가장 낮은 점수를 보였는데, 특히 서울은 '불안'과 '평안'에서 최하위를 차지했다. 물론 서울과 인천 내에서도 각 구역별로 차이가 있을 수 있기 때문에 '서울과 인천은 행복하지 않다'라고 일반화할 수는 없다. 다만 이 두 도시에 거주하는 사람들의 행복 평균값이 비교적 낮은 편에 속한다는 점은 주목해볼 필요가 있다.

해외 거주자들은 왜 행복할까?

무엇보다 눈길을 끈 것은 해외 거주자들의 행복 점수였다. 지역별 평균 안녕지수에서 세종시 다음으로 해외 거주자들의 점수가 높았다. 한국을 떠나 외국에서 살기 때문에 행복해진 걸까, 아니면 원래 행복한 사람들이 해외로 이주한 것일까?

이 질문에 대해서는 보다 정교한 조사가 필요하겠지만, 자국의 행복 수준이 낮더라도 행복한 나라로 이주한 사람들의 행복이 증가한다는 연구 결과를 감안할 때, 이들의 행복이 이주의 결과일 수 있다는 짐작이 가능하다.

여자가 행복한 곳 vs. 남자가 행복한 곳

거주지에 따른 행복을 남녀로 구분하여 분석하면 더 놀라운 결과들이 발견된다. 우선 해외 거주자의 경우, 이들의 행복 점수가 높게 나타난 것은 주로 여성 응답자들에 의해서다. 실제로 해외 여성 거주자들의 행복은 세종시의 여성에 이어 2위였지만, 해외 남성 거주자들의 행복은 18개 지역 중 최하위를 기록했다. 가부장적이고 남성 중심적인 한국 사회를 벗어난 여성들이 보다 높은 수준의 행복을 경험한다는 해석이 가능해지는 대목이다. 반면에 충남, 전북, 전남, 대전 지역에서는 남성들이 여성들에 비해 높은 행복을 경험하고 있는 것으로 나타났다. 덧붙여 세종시는 남녀 모두 행복감이 가장 높았고, 서울과 인천은 남녀 모두 최하위로 나타났다.

지역별 행복 점수를 지나치게 확대 해석하거나 일반화하는 것은 바람직하지 않다. 비록 지역에 따라 안녕지수의 차이가 있는 것으로 관찰되긴 했지만, 지역 간의 표준 편차 값이 0.09점인데 반해 각 지역 내 안녕지수의 표준 편차는 2점대였다. 다시 말해 지역 간 안녕지수의 편차는 지역 내 점수 편차와 비교하여 매우 미미한 편이라는 뜻이다. 어느 지역에 사느냐가 만들어내는 차이보다는 각 지역 내에서 나타나는 개인차가 훨씬 크다는 사실을 간과해선 안 된다.

나아가 이 조사 결과는 단순히 지역에 따라 안녕지수의 점수에 차이가 있음을 나타낼 뿐, 거주 지역 자체가 안녕지수의 차이를 가져왔다는 증거까지 보여주지는 않는다. 그러니 단순히 주거지를 다른 곳으로 옮긴다고 해서 안녕지수가 오를 거라 기대하는 것은 무리다.

지역별 안녕지수 순위

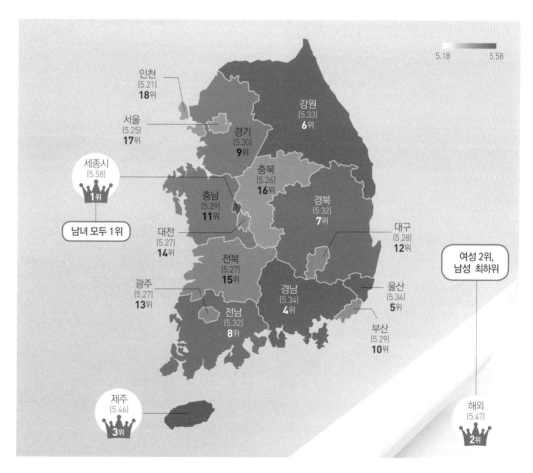

The Happiest Days of the Week

우리는 어느 요일에
더 행복했을까?

요일별 안녕지수

일주일 중에 가장 행복한 날은 언제이고, 가장 우울한 날은 언제일까? 흔히들 말하는 월요병은 실제로 존재할까, 아니면 뜻밖의 '우울한 날'이 있을까? 요일에 따른 행복의 차이를 알아본다.

행복을 매일매일 측정할 때 생기는 가장 큰 이점 중 하나는 요일별 행복을 비교해볼 수 있다는 점이다. 우리는 일주일 중 어느 요일에 가장 행복을 느낄까? 반대로 어느 요일에 가장 행복이 낮아질까? 흔히 말하는 '월요병'이란 것이 정말 존재할까? '불금 효과'는 실제로 있는 것일까? 주말이 끝나가는 일요일에는 행복감이 얼마나 낮아질까?

'목요병'이라는 복병

일주일 중 안녕지수가 가장 낮은 날은 언제일까? 데이터를 분석하기 전까지만 해도 월요일일 거라는 예상이 지배적이었다. 하지만 뜻밖에도 목요일이 월요일보다 안녕지수가 더 낮은 것으로 확인되었다. 왜 목요일일까?

우선 월요일부터 수요일까지 업무와 학업에 매달린 사람들이 목요일이 되면 일종의 번아웃을 경험하는 것으로 보인다. 목요일은 안녕지수 총점이 최하위일 뿐만 아니라 스트레스도 가장 높았으며, 지루함, 짜증, 우울, 불안도 최고에 달했다. 모두가 싫어하는 월요병보다 더 심각한 증상들이 전부 목요일에 나타난 것이다. 가히 '목요병'이라는 신조어의 등장을 염려해야 하는 결과다.

요일별 안녕지수

> 가장 행복감이
> 낮은 목요일

월요일	화요일	수요일	**목요일**	금요일	토요일	일요일
5.24	5.30	5.25	**5.21**	5.33	5.37	5.26

요일별 스트레스 지수

> 가장 스트레스가
> 많은 목요일

월요일	화요일	수요일	**목요일**	금요일	토요일	일요일
6.10	6.08	6.09	**6.17**	6.12	6.07	6.16

주중에 한 번 쉬어가야 한다면, 수요일이나 목요일에 쉬는 것이 최적임을 시사하는 결과이기도 하다. 예를 들어 자기 일정을 자유롭게 선택할 수 있는 사람들이라면 토요일과 일요일 이틀 연속 쉬는 것보다 목요일에 한 번 쉬고 다시 일요일에 쉬는 식으로 휴일을 적절히 배치해볼 필요가 있다.

나아가 이 결과는 스트레스를 유발할 것 같은 이벤트는 가급적 목요일을 피하는 것이 좋다는 점을 시사한다. 뒤에 좀 더 자세히 소개하겠지만 실제로 2018년 한 해 동안 가장 행복감이 낮았던 'Top 5' 중 이틀이 목요일이었다. 그중 하루는 2018년 수능이 있었던 11월 15일(이 날의 행복은 목요일 평균 행복치보다 훨씬 낮았다)이었고, 또 다른 하루는 초강력 부동산 대책이 발표된 9월 13일이었다(이 날은 2018년 중 '가장 행복감이 낮은 날' 3위를 차지하기도 했다).

월요일보다 우울한 일요일
흔히 말하는 '월요병'은 사실 일요일부터 시작된다고 보는 것이 맞다. 조사 결과 일요일의 점수가 토요일보다 낮았을 뿐만 아니라 심지어 일부 하위 요인들에서는 월요일보다 좋지 않은 점수를 보였다. 예를 들어 우울 점수에서는 목요일에 이어 2위였고(월요일이 3위), 지루함 역시 월요일보다 일요일이 높게 나타났다. 부정정서의 총합에서도 일요일과 월요일의 차이는 거의 없었다. 이는 월요일에 대한 부담으로 인해 같은 주말임에도 불구하고 일요일의 행복이 토요일보다 낮게 나타난 것으로 해석할 수 있다. 실제로 토요일에서 일요일로 넘어가는 동안의 행복 감소치 역시 다른 어떤 두 요일 사이의 행복 감소보다도 크게 나타났다.

'월요병'과 '불금 효과'에 대한 분명한 증거
요일별 행복 점수를 분석함에 있어 우리는 '월요병'과 '불금 효과'가 실제로 작용되고 있을 거라는 예상을 했었다. 몇몇 뜻밖의 발견들도 있었지만 우리의 예상은 크게 어긋나지 않았다.

첫째, 월요병은 실제로 존재하고 있었다. 비록 목요병이 월요병보다 큰 것으로 나타났지만, 여전히 월요일은 행복하지 않은 요일이었다. 특히 행복, 즐거움, 평안함 등 긍정적 정서 경험에서는 목요일을 누르고 월요일이 일주일 중 가장 낮은 것으로 확인되었다.

둘째, 불금 효과도 존재했다. 목요일에 급격하게 떨어진 행복감이 금요일에 급반등한 것이다. 게다가 목요일과 금요일의 행복 차이는 연속하는 다른 어떤 두 요일들의 차이보다 크게 나타났다. 특히 금요일의 긍정정서 경험은 토요일과 거의 동일한 수준을 보였고, 그중에서 '즐거움'의 경험은 금요일에 최고치에 달했다.

가장 즐겁지 않은 월요일과 가장 불쾌한 목요일

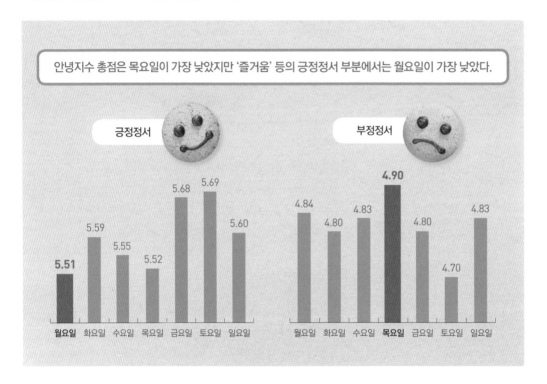

안녕지수 총점은 목요일이 가장 낮았지만 '즐거움' 등의 긍정정서 부분에서는 월요일이 가장 낮았다.

긍정정서

월요일	화요일	수요일	목요일	금요일	토요일	일요일
5.51	5.59	5.55	5.52	5.68	5.69	5.60

부정정서

월요일	화요일	수요일	목요일	금요일	토요일	일요일
4.84	4.80	4.83	4.90	4.80	4.70	4.83

불금 효과도 실제로 존재했다.
목요일에 급격하게 떨어진 행복감이
금요일에 급반등한 것이다.
게다가 목요일과 금요일의 행복 차이는
연속하는 다른 어떤 두 요일들의 차이보다 크게 나타났다。

50대 이상은 주말이라고 특별히 더 행복하지 않았다

연령별 요일 효과의 새로운 발견

○

50대 이상 연령층에게도 행복의 요일별 효과가 존재할까? 월요병과 불금효과, 그리고 주말효과가 50대 이상 연령층에게도 나타나는지 알아보자. 나아가 60대 이상에서 나타난 뜻밖의 결과도 주목할 만하다.

요일 효과를 연령별로 분석한 결과 예상치 못했던 흥미로운 결과들이 발견되었다.

첫째, 50대에게 불금은 없었다. 금요일은 전 연령대에 걸쳐 월요일과 목요일보다 높은 행복 점수를 보였지만, 유일하게 50대에서는 이 현상이 발견되지 않았다. 긍정적으로 해석하자면 50대는 요일과 상관없이 일정한 행복을 누리는 이른바 '행복의 천재들'이라고 표현할 수 있다. 다시 말해 요일 등의 환경적 요소에 휘둘리지 않는, 글자 그대로 '지천명'의 경지에 오른 사람들이 바로 50대인 셈이다.

하지만 부정적인 해석도 가능하다. 이를테면 50대에 접어들면서 그만큼 외부 환경에 대한 반응성이 약화된 것이라 볼 수도 있다.

50대는 대부분의 조직에서 가장 상위층의 리더들이 포진하고 있는 연령대다. 원인이 무엇이든 이들은 요일의 영향을 크게 받지 않기 때문에 자칫 그것을 당연한 것으로 여긴 나머지 월요일 아침에 회의를 소집하거나 주말에 일하는 것을 장려하는 등의 우를 범할 가능성도 크다는 점을 시사해주는 결과라 할 수 있다.

나이가 들고 지위가 올라갈수록 사람들은 행복에 관한 한 멘탈리스트가 된다. 즉, 모든 것은 마음먹기에 달렸다고 믿는 경향이 강해진다는 것이다. 그래서 월요일도 마음만 먹으면 행복하게 일할 수 있다고 믿거나 토요일에 다 함께 등산하는 것이 얼마나 좋은 일이냐며 전 직원 단체 등산을 추진하기도 한다. 50세 이후에 본인 스스로 행복을 누리는 것은 분명 좋은 일이지만, 타인들에게 '마음먹기의 중요성'을 지나치게 강조한 나머지 자칫 역풍을 맞게 된다면 오히려 행복감이 떨어질 수도 있을 것이다. 20~40대들이 월요일과 목요일에 힘들어한다는 점을 기억해야 한다.

연령대에 따른 요일별 안녕지수 변동 폭

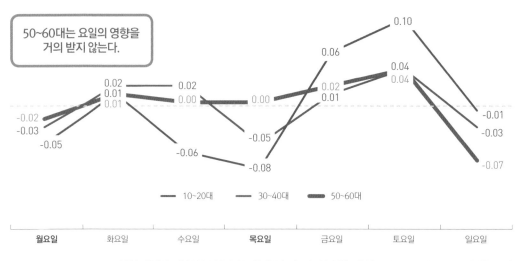

> 50~60대는 요일의 영향을 거의 받지 않는다.

—— 10~20대   —— 30~40대   —— 50~60대

월요일   화요일   수요일   목요일   금요일   토요일   일요일

※ 요일별 편차 값이 0점(각 연령대별 안녕지수 평균값)에서부터 크게 떨어져 있을수록 요일 효과가 강하게 나타난 것으로 이해할 수 있다.

둘째, 60대 이상 연령대에게 일주일이라는 시간은 젊은이들의 일주
일과는 전혀 다르게 흘러간다. 60대 이상에게 가장 행복한 날은 화
요일이었고, 이들에게 가장 행복감이 낮은 날은 일요일이었다. 심지
어 토요일의 행복 수준도 월요일과 비슷하게 나타났다. 한마디로 60
대 이상의 연령대에게 주말은 즐겁고 행복한 시간이 아니라 여느 날
과 똑같은 일상이며 오히려 행복감이 떨어지는 시간이었던 것이다.

60대 이상의 요일별 안녕지수

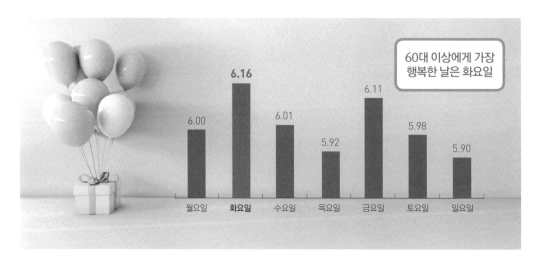

> 60대 이상에게 가장 행복한 날은 화요일

월요일 6.00   화요일 6.16   수요일 6.01   목요일 5.92   금요일 6.11   토요일 5.98   일요일 5.90

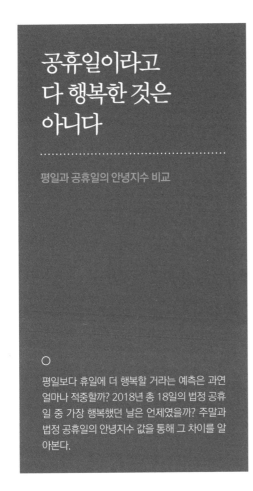

공휴일이라고
다 행복한 것은
아니다

평일과 공휴일의 안녕지수 비교

○

평일보다 휴일에 더 행복할 거라는 예측은 과연
얼마나 적중할까? 2018년 총 18일의 법정 공휴
일 중 가장 행복했던 날은 언제였을까? 주말과
법정 공휴일의 안녕지수 값을 통해 그 차이를 알
아본다.

새해가 시작되면 사람들은 새 달력을 들춰보며
공휴일이 며칠인지, 주말과 겹치는 날은 없는지,
그리고 긴 연휴를 이루는 공휴일은 얼마나 되는
지를 확인하곤 한다. 공휴일(일반적인 주말은 제외)
이 여타 평일에 비해 훨씬 행복한 날이 될 것이라
고 예상하기 때문이다. 우리는 2018년도 공휴일
의 안녕지수 평균값을 평일의 값과 비교하여, 과
연 예상대로 공휴일의 행복이 높은지를 확인해보
았다.

분석 결과, 예상과는 달리 공휴일과 평일의 차이
는 매우 작았다. 공휴일의 안녕지수는 5.32로 평
일의 안녕지수 5.28에 비해 0.04점밖에 높지 않
았다.

안녕지수를 구성하는 하위 경험들의 점수에서도
평일과 공휴일 간의 큰 차이는 발견되지 않았다.
삶의 만족도, 삶의 의미, 긍정정서 경험에서는 평
일과 공휴일 간의 차이가 거의 없는 것으로 확인
되었다. 다만 스트레스와 부정정서에서는 평일과
공휴일 간에 차이가 있었는데, 사람들은 평일에
비해 공휴일에 스트레스와 부정정서를 조금 덜
경험하는 것으로 관찰되었다. 개별 정서를 살펴
보면, 평일과 비교하여 공휴일에는 평안함은 더 많이, 지루함과 짜증은 더 적게 느끼는 것으로 나타났다.

평일과 공휴일의 안녕지수 비교

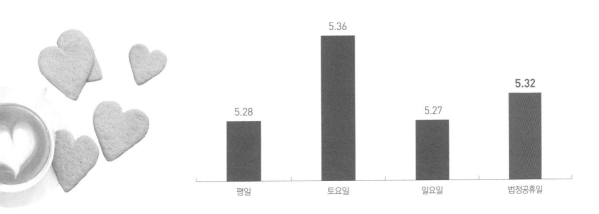

평일	토요일	일요일	법정공휴일
5.28	5.36	5.27	**5.32**

그러나 공휴일과 평일의 이런 차이가 모든 법정 공휴일에 적용되는 현상인지, 아니면 같은 공휴일이라도 행복 값에 차이가 있는지를 확인하기 위하여, 2018년의 법정 공휴일 18일을 개별적으로 모두 분석해보았다. 흥미롭게도 공휴일 간에 큰 차이가 나타났다. 총 18일의 공휴일 중 11일은 평일보다 높은 안녕지수 값을 보였지만, 나머지 7일은 오히려 평일보다도 낮은 안녕지수 값을 보였다.

행복감이 높았던 공휴일에는 주말인 토요일을 제외하고는 수요일(4회)과 월요일(2회), 목요일(2회)이 많았던 반면에, 행복감이 낮았던 공휴일에 화요일(3회)이 유독 많았던 점이 눈에 띈다. 보다 구체적인 연구가 더 필요하겠지만, 화요일에 쉬는 것보다는 수요일이나 월요일 혹은 목요일에 쉬는 것이 더 효과적이라고 추측하게 하는 패턴이다.

2018년 가장 행복했던 공휴일은 어린이날이었으며, 반면에 가장 행복하지 않았던 공휴일은 추석 연휴 첫날이었다. 흥미로운 점은 이 두 날 모두 대체휴일을 끼고 있는 연휴의 첫날이었는데, 하나는 가장 행복한 공휴일이었고 다른 하나는 가장 행복하지 않은 공휴일이었다는 점이다. 이러한 차이는 해당 연휴에 대한 사람들의 기대 차이에서 비롯되었다고 예상해볼 수 있다. 본래 어린이날은 하루짜리 공휴일이지만 2018년에는 이날이 토요일이었던 덕분에 5월 7일이 대체휴일로 지정되면서 '뜻밖의' 연휴가 만들어진 것이었다. 그에 반해 추석은 본래 최소 3일을 쉬게 되어 있는 '예상된' 연휴였다. 거기에 더하여 연휴 첫날은 교통체증 등으로 인한 스트레스가 컸을 것으로 짐작할 수 있다.

2018년 가장 행복했던 휴일과 가장 덜 행복했던 휴일

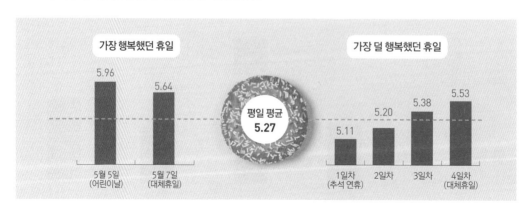

가장 행복했던 휴일

5.96 5.64

평일 평균
5.27

가장 덜 행복했던 휴일

5.11 5.20 5.38 5.53

5월 5일 (어린이날)　5월 7일 (대체휴일)　　1일차 (추석 연휴)　2일차　3일차　4일차 (대체휴일)

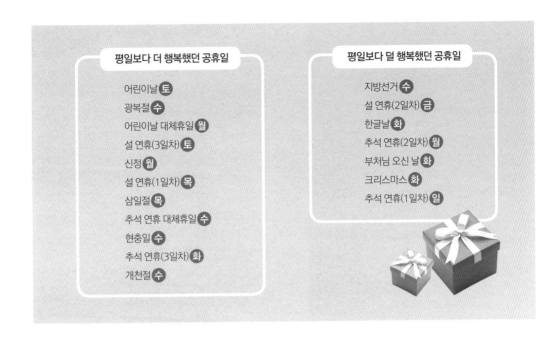

평일보다 더 행복했던 공휴일	평일보다 덜 행복했던 공휴일
어린이날 토	지방선거 수
광복절 수	설 연휴(2일차) 금
어린이날 대체휴일 월	한글날 화
설 연휴(3일차) 토	추석 연휴(2일차) 월
신정 월	부처님 오신 날 화
설 연휴(1일차) 목	크리스마스 화
삼일절 목	추석 연휴(1일차) 일
추석 연휴 대체휴일 수	
현충일 수	
추석 연휴(3일차) 화	
개천절 수	

같은 연휴의 시작이라도 기대 차이에 따라 행복감이 다르다.
'예상된' 연휴보다 '뜻밖의' 연휴가 훨씬 더 큰 행복을 준다.

하루 중 어느 시간대에 가장 행복하고 가장 불행했을까?

....

시간대에 따른 안녕지수 변화

○

하루 24시간을 통틀어 가장 행복한 시간대가 언제인지, 또 가장 행복감이 낮은 시간대가 언제인지를 알 수 있을까? 실시간으로 이루어지는 안녕지수 조사에서는 응답자들이 조사에 참여한 시간이 다양했던 덕분에 시간대별 행복을 상세히 비교해볼 수 있었다.

안녕지수가 가장 높았던 시간대는 아침 8시에서 8시 59분 사이였다. 그리고 밤 12시부터 새벽 6시 사이에 응답한 사람들의 안녕지수는 다른 시간대에 비하여 매우 낮았다. 이는 그 시간까지 잠들지 않고 인터넷이나 스마트폰을 사용하는 사람들의 심리적 특징을 보여주는 것으로 해석할 수 있다. 수면의 질이 낮을수록 행복감이 낮다는 기존의 연구들과 일치하는 결과다. 그러나 이 결과가 정말 수면의 질 때문인지, 아니면 그 시간까지 일을 해야 하는 상황 때문인지, 혹은 또 다른 이유 때문인지는 추후 조사를 통해 더 세밀하게 밝혀져야 할 부분이다.

'심야/새벽 시간대'(00:00~05:59), '아침 시간대'(06:00~08:59), '오전 시간대'(09:00~11:59), '점심 시간대'(12:00~14:59), '오후 시간대'(15:00~17:59), '저녁 시간대'(18:00~20:59), '밤 시간대'(21:00~23:59)로 재구성하여 안녕지수 값을 비교해보았다.

앞에서 언급한 것처럼 심야/새벽 시간의 안녕지수가 여타 시간대에 비해 매우 낮다는 점을 확인

하루 24시간 동안의 안녕지수

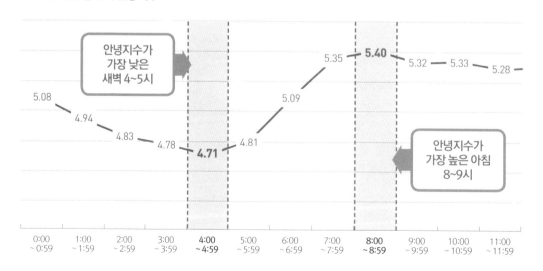

시간대별 안녕지수

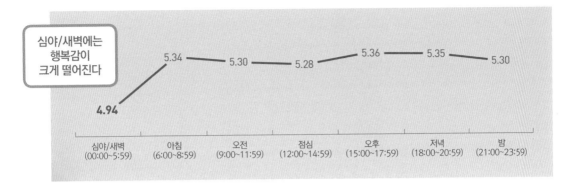

심야/새벽에는 행복감이 크게 떨어진다

4.94
심야/새벽 (00:00~5:59)

5.34
아침 (6:00~8:59)

5.30
오전 (9:00~11:59)

5.28
점심 (12:00~14:59)

5.36
오후 (15:00~17:59)

5.35
저녁 (18:00~20:59)

5.30
밤 (21:00~23:59)

할 수 있었다. 여타 시간대의 안녕지수가 5.2점에서 5.3점 사이인데 반해 심야/새벽 시간대의 안녕지수는 4.94점으로 5점에 미치지 못했다. 이는 밤잠을 제대로 이루지 못하는 경우에 사람들의 행복감이 크게 하락할 수 있음을 보여주는 결과이기도 하다. 나머지 시간대에서는 대체로 비슷한 점수를 보였지만, 특이하게도 12~15시 사이의 안녕지수가 조금 낮게 나타났다.

비록 폭이 크지는 않았지만 생체시계처럼 행복의 시계가 존재하여 사람들이 하루 24시간 동안 상이한 수준의 행복감을 경험할 수 있음을 보여주고 있다.

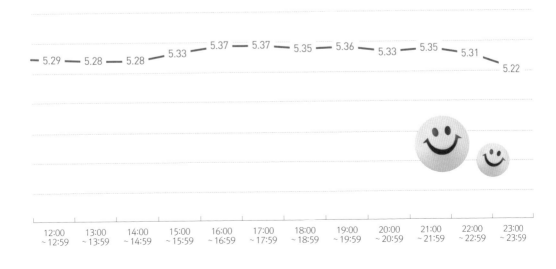

5.29
12:00 ~12:59

5.28
13:00 ~13:59

5.28
14:00 ~14:59

5.33
15:00 ~15:59

5.37
16:00 ~16:59

5.37
17:00 ~17:59

5.35
18:00 ~18:59

5.36
19:00 ~19:59

5.33
20:00 ~20:59

5.35
21:00 ~21:59

5.31
22:00 ~22:59

5.22
23:00 ~23:59

혹시 나이에 따라 시간대별 안녕지수가 달라지는지를 확인해보았다. 그 이유는 첫째, 이미 앞에서 나이가 들수록 요일별 행복감의 차이가 줄어든다는 점을 보고한 바 있고, 둘째로 나이가 들수록 기상 시간이 빠르기 때문에 새벽 시간에 행복감이 낮은 현상이 사라지지 않을까 하는 추측 때문이었다.

가장 주목할 만한 패턴은 나이가 들수록 시간대별 행복감의 차이가 줄어든다는 점이었다. 연령대별로 시간대에 따른 표준편차 값을 계산한 결과 10대는 0.29점, 20대는 0.08점, 30대는 0.08점, 40대는 0.10점, 50대는 0.07점, 그리고 60대 이상은 0.07점으로 나이가 들수록 그 값이 줄어드는 것을 확인할 수 있었다.

연령대에 따른 시간대별 안녕지수 변동 폭

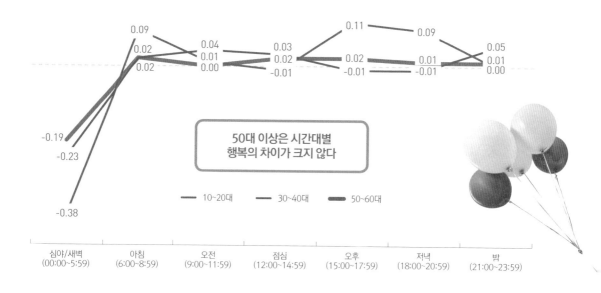

특히 50대 이상의 경우 어느 요일에나 행복했고, 하루 중 거의 모든 시간대에 걸쳐 행복했음을 확인할 수 있다. 늘 행복하다는 10대의 경우에는 가장 행복한 시간대와 가장 덜 행복한 시간대의 점수 차이가 0.95점인 데 반해 60대 이상의 경우에는 0.22점에 불과했다.

또한 50대 이상에게서는 새벽 시간에 행복이 낮아지는 현상도 약하게 나타났다. 아마도 이 연령대의 응답자들이 다른 연령대에 비해 일찍 기상하기 때문이라고 추측해볼 수 있다.

행복해지려면 충분히 자야 한다.
심야/새벽에 깨어 있는 경우 행복감이 낮아질 수 있다.

The Happiest Days in 2018

2018년
가장 행복했던 하루

가장 행복했던 날 Best 5

2018년을 통틀어 가장 행복했던 날은 언제였고, 가장 행복하지 않았던 날은 언제였을까? 행복했던 5일(Best 5)과 불행했던 5일(Worst 5)을 뽑아 행복한 날의 조건과 불행한 날의 조건이 무엇인지 알아보았다.

2018년 365일 중 가장 행복했던 날은 언제였을까? 힌트는 다음과 같다.

1 평일보다 주말의 행복감이 높다.
2 주말 중에서도 토요일이 일요일보다 행복감이 높다.
3 평일 중 가장 행복 점수가 낮은 날은 월요일과 목요일이다.

이 3가지를 힌트를 감안하면 월요일이 대체휴일로 지정되어 토, 일, 월 연속으로 쉬게 된 토요일 중 하나가 정답일 가능성이 높다. 2018 년에는 이 조건을 모두 만족시키는 날이 딱 하루 있었다. 바로 5월 5 일이었다. 5월 5일 어린이날이 토요일이어서 5월 7일 월요일이 대체휴일로 지정되어 토, 일, 월 3일간의 연휴가 생긴 것이다. **실제로 2018년 5월 5일의 안녕지수 값은 5.96으로 그해의 가장 행복한 날이었다.**

가장 행복한 날 'Best 5' 중에서 상위 4일이 토요일이었으며(5월 5일, 2월 24일, 2월 10일, 3월 10일), 이 중 2월 24일과 2월 10일은 각각 평창 올림픽 폐막 전날과 개막 다음 날이었다. 뒤에서 본격적으로 다루겠지만 평창올림픽 기간 동안의 안녕지수는 평소보다 훨씬 높은 편이었다. 따라서 'Best 5'에 오른 두 날은 이미 토요일이라는 점에 평창 올림픽 기간이라는 점이 추가되어 상승 효과가 발생한 것이라 짐작해볼 수 있다.

2018년
가장 행복했던
5일은 언제였을까?

2018년 가장 행복했던 날 Best 5

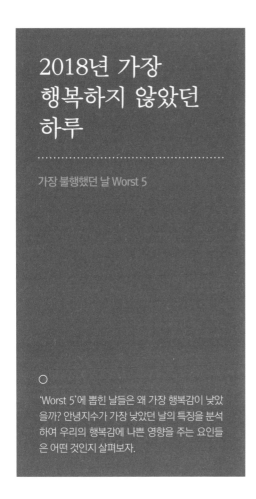

2018년 가장 행복하지 않았던 하루

가장 불행했던 날 Worst 5

○

'Worst 5'에 뽑힌 날들은 왜 가장 행복감이 낮았을까? 안녕지수가 가장 낮았던 날의 특징을 분석하여 우리의 행복감에 나쁜 영향을 주는 요인들은 어떤 것인지 살펴보자.

2018년 한 해 동안 가장 행복하지 않았던 하루는 언제였을까? 가장 행복하지 않았던 'Worst 5'를 뽑아보니 모두 평일이었고, 그중 4일이 월요일과 목요일이었다(2월 5일, 9월 13일, 8월 16일, 6월 4일). 특히 주목할 만한 날은 9월 13일과 8월 16일이다.

9월 13일은 고강도 부동산 대책이 발표된 날이었다. 8월 16일은 목요일이라서 그 자체로 행복감이 낮은 날이기도 했지만, 그 전날인 8월 15일이 광복절이었기 때문에 휴일 다음 날이라는 요인이 추가되면서 행복감이 급감한 것으로 짐작된다. 따라서 수요일이 휴일인 목요일은 앞으로도 행복감이 낮을 것으로 예상할 수 있는데, 2019년에는 10월 10일이 이 조건에 부합한다. 10월 9일 수요일이 공휴일인 한글날이기 때문에 그다음 날인 10월 10일의 행복감이 낮을 것으로 예상해볼 수 있다.

끝으로 행복감이 가장 낮았던 2월 5일은 월요일이라는 점을 제외하곤 행복감이 낮을 만한 특별한 이유를 발견하기 어려웠다.

2018년 가장 행복하지 않았던 날 Worst 5

Special Days, Special Happiness?

빅 이벤트는 우리에게
정말 큰 행복이었을까?

국가적 이벤트가 우리 행복에 미친 영향

2018년은 남북 정상회담과 평창올림픽, 러시아 월드컵, 아시안게임 등 그 어느 때보다 굵직굵직한 국가적 이벤트가 많았다. 이러한 빅 이벤트들은 과연 우리의 행복에 어떤 영향을 미쳤을까?

남북 정상회담은 우리를 얼마큼 행복하게 했을까?

··

남북 정상회담이 안녕지수에 미친 영향

O

전 세계적으로 뜨거운 관심을 모았던 2018년 남북 정상회담이 우리 국민의 행복감에는 어떤 영향을 미쳤을까? 안녕지수 조사를 통해 1~3차 남북 정상회담이 있던 날 사람들의 행복 지수를 비교해볼 수 있었다. 그리고 남북 회담만큼이나 큰 관심을 모았던 북미 정상회담이 우리 행복에 미친 영향도 함께 살펴볼 수 있었다.

남북 정상회담은 우리를 얼마큼 행복하게 했을까?

2018년 한 해 동안 대한민국에서 가장 극적이었던 사건 하나를 꼽으라면 단연 남북 정상회담일 것이다. 남북 정상은 총 3회에 걸쳐 판문점과 통일각, 평양에서 회담을 갖고 한반도의 비핵화와 영구적 평화 구축을 위한 합의들을 도출해냈다.

1차 정상회담(4월 27일 금요일)은 누구도 예상치 못한 극적인 사건이었고, 2차 정상회담(5월 26일 토요일) 역시 1차 정상회담 이후 교착 상태에 빠진 북미간 대화를 해결하기 위해 전격적으로 이루어졌다는 점에서 예상치 못한 회담이었다. 각각 금요일과 토요일에 이루어진 이 두 회담은 그 자체로 극적인 이벤트인 데다 '주말 효과'까지 더해진 만큼 매우 강한 행복 효과를 가져왔으리라 예상해볼 수 있다.

2차 정상회담 이후 4개월 만에 열린 3차 정상회담은 평양에서 9월 18일부터 9월 20일까지 2박 3일간 진행되었다. 이 회담은 1·2차에 비해 극적 효과는 덜했지만, 김정은 위원장의 연내 서울 답방, GP의 시범적 철수, 영변과 동창리 핵시설 영구 폐기 합의 등의 성과를 거두었다.

앞에서 이미 소개한 바와 같이 3차 회담 일주일 전인 9월 12일과 13일은 2018년 동안 가장 행복감이 낮았고, 특히 9월 13일은 부동산 대책 발표 등으로 인해 전반적으로 행복 상태가 낮아진 상태였다. 그런 가운데 진행된 만큼 3차 남북 정상회담의 행복 효과는 1·2차에 비해 그다지 크지 않았을 것으로 예상해볼 수 있다.

이를 구체적으로 확인해보기 위해 다음과 같은 전략을 사용했다.

1. 1·2차 남북 정상회담은 하루 일정으로 이루어졌기 때문에 그날의 안녕지수를 이전 모든 날의 안녕지수와 비교했다.

2. 1·2차 남북 정상회담이 있었던 날의 안녕지수를 회담일과 같은 요일(1차는 금요일, 2차는 토요일)의 평균 안녕지수와 비교했다.

3. 3차 회담의 경우 2박 3일로 진행된 만큼 회담 첫날의 안녕지수를 위의 2가지 방법으로 검토했다.

4. 3차 회담 사흘(화, 수, 목) 간의 평균 안녕지수를 같은 요일의 평균 안녕지수와 비교했다.

남북 정상회담이
있었던 그날,
우리 국민은
얼마나 행복했을까?

1차 회담과
2·3차 회담은
똑같이 우리에게
행복을 주었을까?

1차 남북 정상회담 (2018년 4월 27일 금요일)

사진: 한국공동사진기자단

2차 남북 정상회담 (2018년 5월 26일 토요일)

사진: 한국공동사진기자단

3차 남북 정상회담 (2018년 9월 18일 화요일)

사진: 한국공동사진기자단

매우 행복했던 1·2차 회담, 그러나 3차는 글쎄…

분석 결과 1차 남북 정상회담일(4월 27일 금요일)의 안녕지수는 5.44점이었다. 이는 1차 회담 전날까지의 안녕지수 평균값인 5.36점, 그리고 회담이 이루어진 금요일의 평균값인 5.33점보다 높은 수치다. 따라서 어떤 기준으로 판단하더라도 1차 남북 정상회담의 행복 효과는 분명 존재했다고 할 수 있다.

여기서 '5.44라는 수치가 그만큼 인상적인가?' 하는 의견도 있을 수 있다. 하지만 2018년 한 해 동안 금요일의 평균 안녕지수가 5.33이고 토요일의 평균 안녕지수가 5.37인 것을 감안하면 남북 정상회담이 있었던 그날, 우리 국민 대다수는 보통의 일주일에서는 경험하기 힘든 높은 수준의 행복을 경험했다고 할 수 있다.

1차 회담에 이어 2차 남북 정상회담 당일(5월 26일 토요일)의 안녕지수 값은 5.44점이었다. 이는 2차 회담 전날까지의 안녕지수 평균값인 5.37점, 그리고 회담이 이루어진 토요일의 평균값인 5.37보다 높은 수준이었다. 흥미로운 점은 1차와 2차 정상회담이 서로 시기도 다르고 요일도 달랐음에도 둘 다 안녕지수가 5.44로 정확하게 일치했다는 점이다.

1~3차 남북 정상회담일의 안녕지수

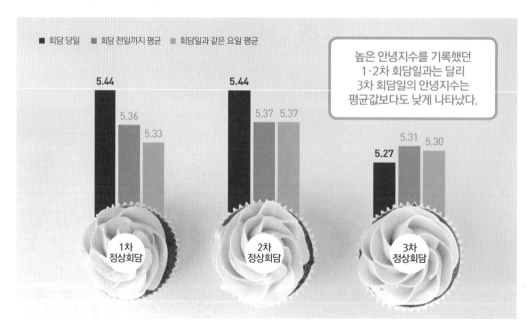

■ 회담 당일 ■ 회담 전일까지 평균 ■ 회담일과 같은 요일 평균

높은 안녕지수를 기록했던
1·2차 회담일과는 달리
3차 회담일의 안녕지수는
평균값보다도 낮게 나타났다.

5.44 5.36 5.33
1차 정상회담

5.44 5.37 5.37
2차 정상회담

5.27 5.31 5.30
3차 정상회담

1·2차 남북 정상회담 내내 우리는 행복했다.
3차 회담이 큰 기쁨을 주지 못한 이유는?

반면 3차 남북 정상회담 당일(9월 18일 화요일)의 안녕지수 평균값은 5.27점으로 회담 전날까지의 평균값인 5.31점과 화요일 평균 5.30점보다 낮게 나타났다. 게다가 회담이 이루어진 3일간(9월 18~20일)의 안녕지수 평균값은 4.92점으로 같은 요일간(화~목)의 평균 안녕지수 5.26점보다 낮게 관찰되었다.

1·2차 남북 정상회담에서는 남과 북의 정상이 군사경계선을 건너고, 식사 후에 함께 산책을 하는 등 감동적인 요소가 많았던 반면에 3차 정상회담은 이미 이전 두 차례 회담에 충분히 적응되었기 때문에 행복 효과가 그다지 크지 않았을 것이라 추측해볼 수 있다. 3차 남북회담의 성과에 대한 엇갈린 평가와 앞서 거론된 부동산 대책 발표의 충격 등도 안녕지수의 하락 요인으로 작용했을 거라고 추측해볼 수도 있다.

결론적으로 남북 정상회담, 특히 1·2차 회담은 한반도 비핵화와 평화 구축에 대한 기대, 그리고 전쟁에 대한 불안 해소 등으로 인해 행복 효과가 매우 컸다고 평가할 수 있다.

트럼프와 김정은이 만난 날, 우리는 행복했을까?

남북회담만큼이나 관심을 끌었던 정치적 사건은 6월 12일 싱가포르에서 열린 북미회담이었다. 남북회담은 이전에도 몇 차례 전례가 있었지만, 북한과 미국의 정상이 만난 것은 초유의 사건이었던 까닭에 전 세계의 이목이 집중되었다. 과연 우리는 그날 평소보다 더 행복했을까?

북미 정상회담의 행복 효과를 알아보기 위해 회담 당일의 안녕지수를 회담 전일까지의 안녕지수 평균, 그리고 같은 요일(화요일) 안녕지수 평균과 비교했다. 그 결과 북미 정상회담 당일의 안녕지수는 5.21로, 회담 전일까지의 안녕지수 평균(5.35)은 물론 화요일의 안녕지수 평균(5.30)보다도 낮았다. 즉, 기대와 달리 북미 정상회담은 우리 행복에 긍정적 효과를 미치지 못한 것으로 확인되었다.

북미회담에 대한 기대가 컸던 것에 비해 정전 협정과 같은 가시적인 결과물이 나오지 못한 것에 대한 아쉬움 때문인지, 아니면 북미회담 성사를 두고 벌어졌던 북한과 미국의 불신, 트럼프 대통령의 전격적인 회담 취소 발표 등으로 인해 기대 효과가 반감된 탓인지는 이번 조사에서는 알 수 없다.

북미 정상회담일의 안녕지수

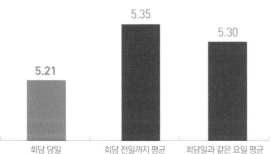

5.21 / 5.35 / 5.30

회담 당일 / 회담 전일까지 평균 / 회담일과 같은 요일 평균

북미회담일의
안녕지수는
3차 남북회담일보다도
낮았다.

독일전 축구 승리는 우리를 행복하게 했을까?

⎯⎯⎯⎯⎯⎯⎯⎯⎯⎯⎯⎯⎯⎯⎯⎯⎯⎯

월드컵 독일전이 안녕지수에 미친 영향

○
러시아 월드컵 경기에서 우리 대표팀은 비록 16강 진출에 실패했지만 독일전 승리라는 뜻밖의 선물을 안겨주었다. 축구 팬들에게 2018년 가장 행복했던 하루로 기억될 이날, 과연 우리 국민은 얼마나 행복했을까?

2018년 한국인이 가장 행복했던 하루는 언제일까? 많은 사람들이 '월드컵 독일전에서 승리한 날'을 꼽곤 한다. 물론 대부분이 남자들이다. 과연 독일전 승리가 우리의 행복에 큰 영향을 주었을까?

러시아 월드컵에서 대한민국 축구팀은 첫 두 게임을 내리 지고 말았다. 꼭 이겨야 할 상대라고 입을 모았던 스웨덴과의 1차전(6월 18일)에서는 0:1로 패했고, 2차전 상대인 멕시코에게는 1:2로 패했다(6월 24일). 두 팀 모두 이길 수 있거나 최소한 비길 수 있다고 예상했던 상대들이었다. 마지막 3차전(6월 27일)의 상대는 지난 브라질 월드컵 우승국인 세계 최강 독일이었다. 당연히 패배를 예상했던 이 게임에서 한국은 2:0 완승을 거두었다. 축구 팬들에게는 그야말로 기적 같은 일이 발생한 것이다. 그래서 많은 사람들이 이날을 '2018년 가장 행복했던 날'일 거라 추측한다. 이 추측이 과연 사실일지 데이터로 살펴보자.

2018년 러시아 월드컵 독일전에 승리한 한국 대표팀

사진: 연합뉴스

축구 팬들에게 최고의 행복을 안겨주었던 독일전 승리의 날, 과연 그날의 안녕지수는 얼마나 높았을까?

이날 경기는 한국 시간으로 6월 27일 밤 11시에 시작해서 6월 28일 새벽 1시경에 종료되었다. 따라서 독일전 승리의 효과를 보기 위해서는 6월 28일(목요일)의 안녕지수를 분석해야 했다.

막상 뚜껑을 열어보니 축구 팬들의 예측과는 다른 결과가 나타났다. 독일전에서 기적적으로 승리했음에도 불구하고 안녕지수 값은 5.06점에 불과했던 것이다. 이는 목요일의 평균 안녕지수 값인 5.23점보다 더 낮은 점수였다. 물론 축구 팬들의 안녕지수만을 따로 계산했다면 결과가 다르게 나올 수도 있었을 것이다. 아무튼 이 뜻밖의 결과로부터 우리는 몇 가지 중요한 점을 생각해볼 수 있다.

첫째, 사람들은 철저하게 자기 중심적이다. 독일전에서 승리한 날이 가장 행복했을 것이라고 답한 이들은 대한민국 사람들 중에서 월드컵 축구에 관심 없는 사람들이 얼마나 많은지를 고려하지 못한 채 모두가 자신들처럼 축구에 열광할 것이라고 가정한 것이다.

둘째, 목요일의 장벽은 역시 컸다. 독일전 승리의 환희에도 불구하고 하필 그날은 일주일 중 가장 행복감이 낮은 목요일이었다. 그 때문에 승리에 따른 행복감이 약할 수밖에 없었다.

셋째, 결과적으로 독일전 승리는 1·2차전 패배를 더욱 아쉽게 만들었다. 기적적이었던 독일전 승리 덕분에 그만큼 1·2차전 패배는 더욱 아쉬운 결과가 되어버리고 말았다. 즉, 큰 기쁨만큼 큰 아쉬움도 주었다. 물론 1·2차전 패배와 독일전 승리를 별개의 사건으로 분리해서 생각하는 사람들도 있었지만, 그것은 시간이 한참 지난 뒤의 일이었고, 당시에는 이 두 가지 사건이 하나의 사건으로 지각되었을 가능성이 높다.

그렇다면 우리 대표팀이 치른 월드컵 1·2차전 직후의 안녕지수 값은 어떻게 나왔을까? 1차전인 스웨덴전의 경우, 6월 18일 오후 9시에 경기가 시작되어 오후 11시경에 끝났기 때문에 스웨덴전 패배의 효과를 알아보기 위해서는 6월 19일의 안녕지수를 분석해야 했다. 그리고 2차전인 멕시코전의 경우에는 6월 24일 0시에 경기가 시작된 만큼 경기 당일인 24일의 안녕지수를 분석했다.

1차전 패배에도 변함없었던 안녕지수, 2차전 패배에서는 왜 떨어졌을까?

1차전 패배 이후의 안녕지수는 5.29점으로 보통의 화요일 안녕지수 평균값인 5.30점과 별 차이가 없었다. 앞서 언급했듯이 축구 팬들을 대상으로 분석했으면 결과가 달랐을지 모르지만, 대다수 응답자들의 안녕지수에는 큰 변화가 없는 것으로 확인되었다.

한편 2차전 패배 이후의 안녕지수는 5.14점으로 보통의 일요일 평균 안녕지수 5.26점보다 낮게 나타났다. 스웨덴전 패배와 달리 멕시코전 패배 후에는 왜 안녕지수가 떨어졌을까? 이는 멕시코전 패배로 16강 진출 가능성이 사실상 사라졌다는 점에서 그 이유를 찾아볼 수 있다. 스웨덴전 패배 때까지만 해도 아직은 멕시코전에서 이겨 16강에 진출한다는 실낱같은 희망이 있었지만, 막상 멕시코에게마저 패배하자 16강 진출의 꿈이 모두 사라져버렸기 때문에 더욱 상심했을 것이다.

독일전 승리뿐 아니라 러시아 월드컵 자체의 행복 효과 역시 존재하지 않았다. 월드컵 기간(6월 14일~7월 15일) 동안의 안녕지수 평균값은 5.26점으로 월드컵 기간을 제외한 2018년도 안녕지수 평균값 5.29점보다 높지 않았다.

2018년 러시아 월드컵 경기일별 안녕지수

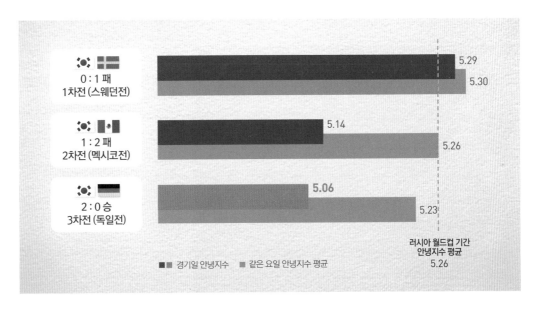

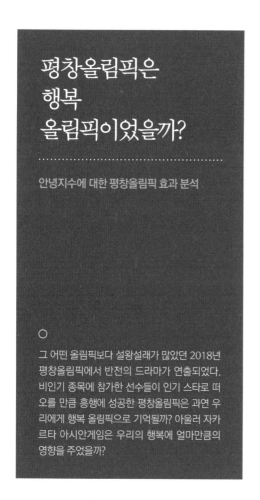

평창올림픽은 행복 올림픽이었을까?

안녕지수에 대한 평창올림픽 효과 분석

○

그 어떤 올림픽보다 설왕설래가 많았던 2018년 평창올림픽에서 반전의 드라마가 연출되었다. 비인기 종목에 참가한 선수들이 인기 스타로 떠오를 만큼 흥행에 성공한 평창올림픽은 과연 우리에게 행복 올림픽으로 기억될까? 아울러 자카르타 아시안게임은 우리의 행복에 얼마만큼의 영향을 주었을까?

평창올림픽은 개막 전까지만 해도 진보와 보수 진영의 엇갈린 평가와 함께 지나치게 정치화되는 양상을 띠었다. 여기에 여자 하키 남북 단일팀이 전격적으로 결정되면서 경기 출전 자체가 위협받게 된 남측 선수들의 반발과 이를 두고 벌어진 사회적 갈등으로 인해 더없이 불안한 분위기였다. 뿐만 아니라 겨울 스포츠에 대한 인기가 상대적으로 낮다는 점, 경기가 서울에서 멀리 떨어진 강원도에서 개최된다는 점 등도 평창올림픽의 부담으로 작용한 것이 사실이다.

그러나 막상 올림픽이 개막되자 상황이 급변하기 시작했다. 많은 사람들이 동계 스포츠에 열광했고, 새롭게 등장한 스타 선수들에 환호했으며 순위와 상관없이 스포츠 자체를 즐기는 분위기가 고조된 것이다. 이 모든 긍정적 요인들이 과연 행복 효과로 나타났을까?

2018년 평창올림픽

대박 아닌 쪽박이 예상됐던 평창올림픽, 평창의 대반전은 우리를 얼마나 행복하게 했을까?

사진: 연합뉴스

우선 안녕지수 평균값부터 살펴보면, 평창올림픽 전 기간(2월 9~25일)의 경우 5.53을 기록했다. 올림픽 기간을 제외한 모든 기간 동안의 평균값이 5.28인 것을 감안하면 매우 의미 있는 결과라고 할 수 있다. 또한 2월 한 달간의 평균값인 5.22점보다도 높다는 것은 평창올림픽이 '행복 올림픽'이었음을 보여주는 결과다.

특히 개막식(2월 9일 금요일)과 폐막식(2월 25일 일요일)의 경우 안녕지수 값이 각각 5.56점과 5.72점으로 여타 금요일과 일요일의 평균인 5.33점과 5.26점보다 월등히 높았다. 앞서 말했듯이 일요일의 행복 효과는 다가오는 월요일에 대한 부담으로 인해 금요일, 토요일에 비해 낮은 편이지만, 폐막식이 있었던 2월 25일 일요일은 5.72라는 매우 높은 안녕지수 값을 나타냈다. 또한 개막식 다음 날인 2월 10일 토요일과, 폐막식 전날인 2월 24일 토요일의 안녕지수는 2018년의 가장 행복했던 날 Best 5에 들어갈 정도로 높게 나타났다.

행복 올림픽이었던 평창올림픽

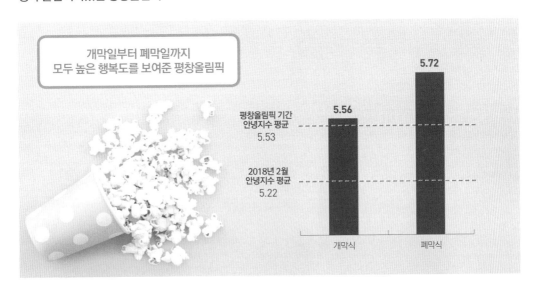

개막일부터 폐막일까지
모두 높은 행복도를 보여준 평창올림픽

평창올림픽 기간
안녕지수 평균
5.53

2018년 2월
안녕지수 평균
5.22

5.56 개막식

5.72 폐막식

어쩌면 경제적 성과보다
더 중요할 행복 효과,
이제는 빅 이벤트의 행복 효과를
측정해야 할 때다。

이런 결과들은 올림픽과 같은 빅 이벤트의 성과를 평가함에 있어 경제 효과만 따지는 전통적인 방법을 넘어 그 이벤트가 창출하는 행복 효과를 함께 분석해야 함을 보여준다. 실제로 2018년 전체를 통틀어서 우리 국민들에게 가장 행복했던 2주를 꼽으라면 단연 평창올림픽 기간이었다.

자카르타 아시안게임도 우리를 행복하게 만들었을까?
그렇다면 2018년 여름에 열린 자카르타 아시안게임(8월 18일~9월 2일)은 어땠을까? 자카르타 아시안게임도 평창올림픽과 지속 기간이 비슷한 메가 스포츠 이벤트였다. 과연 우리는 이 기간 동안 얼마나 행복했을까?

아시안게임 동안의 안녕지수 평균값은 5.35점이었다. 이 점수는 아시안게임 기간을 제외한 2018년도 안녕지수 평균값 5.28점보다 조금 높은 편이다. 그러나 아시안게임이 진행된 8월과 9월을 비교 기간으로 잡아보면 아시안게임의 행복 효과는 더 커진다. 이 기간을 제외한 8월과 9월의 평균 안녕지수 값이 5.11점이니까 게임 기간 동안 안녕지수가 약 4.7% 정도 상승한 것이다.

유난히 폭염이 기승 부렸던 2018년 여름, 더위에 지친 우리 국민들의 행복에 아시안게임이 작게나마 기여했음을 알 수 있다.

9·13 부동산 대책 발표일의 안녕지수는?

정책 발표가 안녕지수에 미치는 영향

○

9·13 부동산 대책은 집값 변동에 예민한 많은 국민들에게 큰 영향을 준 사건이었다. 과연 이날 우리 국민의 행복감에는 어떤 변화가 일어났을까? 이 발표가 끼친 영향이 연령대별로 어떻게 나타났는지 살펴보자.

우리 정부가 고강도 부동산 대책을 발표한 날은 2018년 9월 13일(목요일)이었다. 집값을 잡겠다는 강력한 의지를 천명한 9·13 부동산 대책에는 이전의 어떤 부동산 대책보다 강도 높은 규제안이 담겨 있었다. 이 대책이 발표된 날, 사람들의 행복감은 어떻게 나타났는지를 분석해보았다.

부동산 대책이 발표된 당일의 안녕지수는 4.75였다. 이는 발표 전날까지의 평균 안녕지수 값인 5.32, 그리고 일반적인 목요일의 평균 안녕지수인 5.23점보다도 크게 낮은 점수다. 또한 이 차이는 2018년의 주요 사건들이 가져온 행복 값의 변화 중에서도 가장 큰 것이었다. 목요일의 평균 안녕지수와 비교했을 때 9·13 부동산 대책 발표 당일 안녕지수는 무려 9% 정도 하락했다.

물론 이 현상이 오로지 부동산 대책 때문이라고 단언할 수는 없다. 그러나 9월 13일에 이 정도로 행복 점수에 영향을 준 사회적 사건이 부동산 대책밖에는 없었던 점으로 미루어 볼 때 행복 점수 하락에 영향을 주었을 가능성이 있다고 추측해볼 수 있다.

9·13 부동산 대책 발표일의 안녕지수

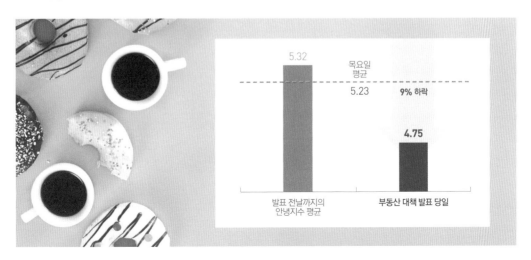

5.32

목요일 평균
5.23   9% 하락

4.75

발표 전날까지의 안녕지수 평균

부동산 대책 발표 당일

부동산 대책 효과가 모든 연령대에서 나타났을까?

만일 부동산 대책이 행복 감소의 주범이라면 주택 구매와 직접 관련이 있는 연령대인 30대와 40대에게 그 영향이 유독 클 수 있다. 이를 확인하기 위해 9월 13일의 안녕지수를 연령대별로 분석해보았다.

연령대별로 9월 13일(목요일)의 안녕지수와 9월의 다른 목요일(6일, 20일, 27일)의 안녕지수 평균을 비교해본 결과, 발표 당일 40대와 30대의 안녕지수가 가장 많이 떨어진 것으로 확인되었다. 40대의 경우 9월의 다른 목요일들에 비해 부동산 대책 발표 당일의 안녕지수가 9% 낮게 나타났고, 30대는 6.4% 낮게 나타났다. 그리고 10대와 20대, 50대는 각각 4.25%, 4%, 1.23% 낮은 것으로 관찰되었다. 반면 60대 이상은 대책 발표 당일 오히려 안녕지수가 14%가량 높게 나타났다.

이 같은 분석 결과에서 확인할 수 있듯이 9·13 부동산 대책은 여타 연령대에 비해 주택 구매와 가장 밀접하다고 할 수 있는 30대와 40대의 행복감에 큰 하락을 가져왔음을 알 수 있다. 그러나 고강도 부동산 대책이 장기적으로 주택 시장을 안정시켜 서민들의 집 장만을 도와줄 수 있기 때문에, 행복만을 기준으로 그 정책의 타당성을 평가할 수는 없다는 점을 반드시 고려해야 한다.

2018년 행복에 가장 큰 변수가 된 9·13 부동산 대책.
30대와 40대에게 특히 힘들었던 이날,
오히려 안녕지수가 오른 연령층도 있다.

9·13 부동산 대책 발표가 연령대별 안녕지수에 끼친 영향

주택 구매와 밀접한 세대의
안녕지수 크게 하락

10대
4.25%
하락

20대
4%
하락

30대
6.4%
하락

40대
9%
하락

50대
1.23%
하락

60대 이상
14%
상승

대학 수학능력평가 시험은 정말 우리를 우울하게 할까?

수능 시험과 안녕지수의 관계

○

이제는 국가적 상시 이벤트로 자리잡은 대학 수학능력평가 시험날은 "수능 때만 되면 유독 춥다"는 속설과 더불어 우울한 날을 대표하는 하루로 꼽힌다. 2018년 수능 당일에 우리 국민의 안녕지수 값은 어느 정도였으며, 주로 어느 연령층의 행복감이 가장 낮았을까?

2018년 수능 시험날은 11월 15일로 목요일이었다. 수능이라는 요인에 목요일이라는 요인까지 결합되어 안녕지수가 매우 낮았을 것으로 예상해볼 수 있다. 분석 결과 2018년 수능일의 안녕지수는 5.01로 수능 전날까지의 안녕지수 평균값 5.29보다 낮았으며, 목요일 평균값 5.23보다도 낮게 나타났다.

그렇다면 이날의 안녕지수 하락에 수능이 끼친 영향은 얼마나 될까? 이를 알아보기 위해 연령별 분석을 시도해보았다.

2018년 11월의 목요일(1일, 8일, 22일, 29일) 평균 안녕지수와 수능 당일의 안녕지수 차이를 비교해본 결과, 10대의 안녕지수가 약 10%로 가장 큰 폭의 감소를 나타냈다. 그다음으로 수능 당일의 행복 하락이 컸던 연령대는 40대와 50대로 여타 목요일에 비해 각각 5.5%와 2.4% 낮게 관찰되었다. 20대와 30대, 60대 이상의 경우에도 11월 목요일 평균값에 비해 낮은 안녕지수를 기록했지만, 감소 폭이 1% 남짓한 수준으로 크지 않았다.

2018년 수능 시험날의 연령대별 안녕지수

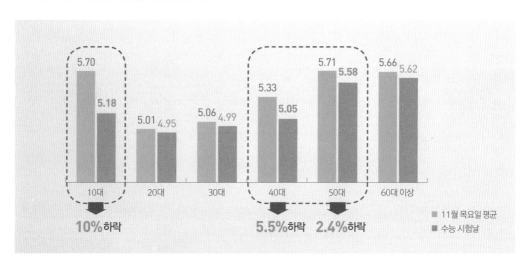

다시 말해 수능 시험날은 수능을 응시하는 10대와 그 자녀를 둔 40
~50대에게 불행한 날이었다.

2018년도 수능 시험날의 행복감이 떨어진 것에 대하여 이것이 수능
때마다 나타나는 일반적인 현상인지, 아니면 2018년 수능이 '불수
능'이었기 때문인지는 현재로서 확인할 방법이 없다. 앞으로 계속될
안녕지수 프로젝트를 통해 매년 수능 시험날의 행복 점수를 분석해
보면 보다 확실한 답을 찾을 수 있을 것이다.

수능 시험날은 시험을 치르는 10대와
부모 세대인 40~50대의
행복감이 크게 하락했다。

명절은
행복의 날일까,
스트레스의 날일까?

설과 추석의 안녕지수 분석

○

해마다 민족 대이동이 벌어지는 설과 추석에 우리 국민의 행복감은 높아질까 낮아질까? '명절 스트레스'라는 악평과 '더도 말고 덜도 말고 한가위 같아라'라는 덕담이 공존하는 명절이 우리의 행복에 어떤 영향을 미치는지 알아보자.

우리나라에서 가장 큰 명절인 설과 추석에 국민들은 과연 얼마나 행복감을 느낄까? 고속도로 교통 체증이나 시댁과의 갈등, 혹은 지나친 과식으로 인해 오히려 기분이 저하되지는 않았을까? 친구나 가족, 친척과의 비교로 인해 행복감이 크게 감소되지는 않았을까? 과연 우리는 명절에 행복했을까?

일각의 우려들과는 달리 설 연휴(2월 15일 목요일~17일 토요일)와 추석 연휴(9월 23일 일요일~26일 수요일) 동안의 안녕지수 평균값은 각각 5.50과 5.42로, 해당 연휴 기간을 제외한 2018년도 평균 안녕지수 값인 5.28보다 높았다.

먼저 설 연휴 기간의 평균 안녕지수는 연휴 기간과 동일한 요일인 목요일, 금요일, 토요일의 평균 안녕지수인 5.31보다 높은 것으로 확인되었다. 추석 연휴 역시 동일한 요일인 일요일, 월요일, 화요일, 수요일의 평균 안녕지수 값인 5.26보다 높았다. '더도 말고 덜도 말고 한가위 같아라'라는 말처럼 많은 사람들이 명절 기간 동안 평소보다 더 행복한 일상을 보내고 있음을 안녕지수를 통해 확인할 수 있었다.

교통 체증, 시댁과의 갈등, 친척과의 비교 등
각종 스트레스에도 불구하고, 그래도 즐거운 명절 연휴.

그러나 2018년의 설 연휴의 경우, 이 기간이 평창올림픽 기간과 겹쳤기 때문에 이 효과가 과연 명절만의 효과인지, 아니면 올림픽 효과의 여파인지에 대해서는 순수하게 명절 효과를 확인할 수 있는 2019년 자료를 통해서 다시 살펴볼 필요가 있다.

성별에 따라 명절에 느끼는 행복이 다를까?

명절이 되면 빠지지 않고 뉴스에 오르는 단어가 바로 '명절 증후군'이다. 명절은 여성들, 그중에서도 특히 기혼 여성들에게 그저 반가운 날만은 아닐 것이다. 명절 때마다 제사 음식 준비와 친지들 식사 대접까지

도맡아야 하는 여성들에게 명절은 스트레스의 주범이기도 하다. 그렇다면 정말 명절에는 여성이 느끼는 행복감이 남성보다 낮을까?

앞서 언급했듯이 2018년 설 연휴는 평창올림픽과 기간이 겹쳐 명절 효과를 정확히 알아보기 어려운 까닭에 추석 연휴 기간만으로 한정하여 남녀의 안녕지수 차이를 비교해보았다. 추석 연휴 기간 남성들의 평균 안녕지수는 5.55로 평소의 안녕지수 5.55와 차이가 없었다. 반면 여성들의 추석 연휴 안녕지수는 5.36으로 평소의 안녕지수 값인 5.22보다 오히려 상승한 것으로 나타났다. 단, 명절 증후군은 주로 며느리들에게 나타나기 때문에 연령대를 30~40대로 한정하여 다시 한번 남녀간 차이를 분석해볼 필요가 있었다.

30~40대 남녀를 대상으로 분석한 결과 추석 연휴 동안의 안녕지수 평균값은 5.46으로 평소 안녕지수 값인 5.29보다 높게 나타났다. 여기서 다시 30~40대 여성들의 안녕지수 값만을 따로 살펴본 결과 추석 연휴 이들의 안녕지수는 5.40으로 평소 안녕지수인 5.20보다도 높게 나타났다.

추석 연휴의 성별 안녕지수

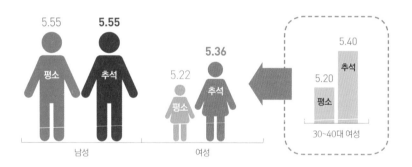

이처럼 안녕지수 자료를 통해 살펴본 바로는 명절 기간 여성들의 행복감이 남성들에 비해 더 낮아지는 현상은 찾아볼 수 없었다. 30~40대에 한정하여 안녕지수 자료를 분석했을 때도 동일하게 발견되었다. 현재 자료에는 결혼 여부와 시댁 방문 여부 등이 포함되어 있지 않아 시댁에서 명절을 맞이하는 며느리들의 고충을 충분히 반영하고 있지 못한다는 한계가 있지만, 평균적으로 봤을 때 명절 기간 여성들이 남성들에 비해 행복감이 크게 떨어지는 것은 아닌 것으로 보인다.

명절이 주는 행복감은
남녀를 가리지 않는다.
예상과는 달리 명절에
더 행복감을 느끼는 여성들。

Korea Psychology Report

Personality

행복해지는 데
유리한 성격이 있을까?

성격의 다섯 가지 요인과 행복의 관계

2018년 하반기, 한국인이 열광했던 영화 〈보헤미안 랩소디〉. 이 영화는 왜 그토록 많은 사람들의 가슴을 움직였을까? 프레디 머큐리라는 캐릭터의 힘에서 힌트를 찾아볼 수 있다. 조로아스터교를 믿는 페르시안 부모 밑에서 어린 시절을 보낸 뒤 영국으로 이민하면서 겪게 되는 사건들, 그리고 그를 둘러싼 주변 인물들의 이야기를 들으면서 우리는 그의 독특한 성격과 행동, 궁극적으로는 그의 독보적이고 창의적인 음악 세계를 더 잘 이해할 수 있게 되었다. 이처럼 한 인물의 성격을 이해한다는 것은 그 자체로도 흥미로울 뿐만 아니라 그 인물의 사고방식, 행동, 그리고 삶의 궤적을 파악하는 길잡이 역할을 해준다.

한국인의
성격이
궁금하다

Big 5로 알아본 한국인의 성격

○

한국인은 얼마나 개방적이고 외향적일까? 한국
인은 얼마나 성실하며 우호성은 어느 정도일까?
또 얼마나 많은 사람들이 심리적인 불안 증세를
겪고 있을까? 성별, 연령대별, 지역별 조사를 통
해 한국인의 성격 Big 5의 현주소를 점검해보자.

어떤 사람을 묘사할 때 우리는 '민감하다, 둔하다,
즉흥적이다, 계획적이다, 느긋하다, 급하다' 등의
단어들을 사용한다. 우리는 '성격'을 나타내는 이
런 다양한 어휘를 통해서 우리 자신과 타인을 표
현하고 이해한다. 그렇다면 이런 어휘들의 수만
큼 다양한 성격이 존재하는 것일까? 답은 '그렇지
않다'이다.

심리학자들은 사람의 성격에 관한 다양한 어휘들
이 크게 다섯 개의 그룹(Big 5)으로 분류된다는 사
실을 발견했다. 'Big 5'라 불리는 이 다섯 가지 성
격을 하나씩 살펴보자.

1 개방성 Openness

개방성은 새로운 생각이나 경험에 대한 태도와
관련된 성격 요인이다. 호기심과 상상력이 풍부
하고 예술과 아름다움에 대해 관심이 많은 편이
라면 개방성이 높다고 할 수 있다. 개방성이 높은
사람들은 그렇지 않은 사람들에 비해 창의적이며
자신의 감정 상태를 섬세하게 지각한다. 따라서
예술가들 중에 개방성이 높은 사람들이 많다.

반면에 개방성이 낮은 사람들은 익숙한 경험과
활동을 선호하는 사람들로, 몽상가적 기질보다는
실용적인 기질이 강하다. 또한 새로운 변화를 기피하기 때문에 보수적인 경향이 강하다고 할 수 있다.

2 성실성 Conscientiousness

성실성은 목표를 성취하기 위해 노력과 시간을 적절히 관리하는 경향성을 가리킨다. 성실성이 높은 사람
은 계획을 세워놓고 그에 맞춰 일을 해나가는 반면, 성실성이 낮은 사람은 즉흥적으로 일하는 것을 선호
한다. 성실성이 낮은 사람은 정리정돈이 되어 있지 않고 어수선한 분위기에서도 편안함을 느끼는 반면,
성실성이 높은 사람은 잘 정리된 환경에서 일하는 것을 선호한다.

성실성이 높은 사람들은 규칙적인 행동을 하는 데 어려움을 느끼지 않기 때문에 건강을 위한 행동(운동,
금연, 금주 등)을 꾸준히 지속하는 편이다. 대체로 이런 유형의 성격을 지닌 사람이 공부 성적도 좋은 편
이다.

3 외향성 Extraversion

외향적인 사람들은 바깥 세계에 관심을 두고 다른 사람들과 자주 교류하며 에너지를 얻는다. 이들은 혼자 있기보다는 사람들과 어울리기를 좋아하며, 다양한 상황과 활동에 거리낌 없이 자신을 노출시킨다. 한마디로 '사교적', '열성적', '활동적'이라는 단어들과 잘 어울리는 사람들이다.

반면 내향성이 강한 사람들은 바깥 세계보다 자신의 내부에 더 많은 관심을 보이며, 혼자만의 시간을 통해 에너지를 충전한다. 내향적인 사람들은 외향적인 사람들보다 타인과의 교류가 적고, 사회적인 활동도 적은 편이다. '수줍고', '내성적인' 사람들이 내향적인 사람들이다.

4 우호성 Agreeableness

다른 사람에게 잘 맞춰주는 사람들은 우호성이 높은 편이다. 우호성이 높은 사람은 다른 사람들과의 조화를 중요하게 여기므로 친절하고 협조적이며 관대하다. 기본적으로 타인을 신뢰하고, 도움이 필요한 사람이 있을 경우 기꺼이 도와주려고 한다.

반면 우호성이 낮은 사람은 사회적 관계를 매끄럽게 유지하기보다 자신의 성취나 이익을 우선시하는 경향이 강한 탓에 타인에 대한 불신, 적대감, 공격성이 강한 편이다.

5 신경증 Neuroticism

정서적 기복이 심하고 불안정한 사람들의 경우 신경증 경향이 높다고 할 수 있다. 이들은 일상에서 벌어지는 불쾌한 일에 매우 민감하게 반응하거나 스트레스를 많이 경험한다. 반면 신경증이 낮은 사람들은 정서적으로 안정되어 있으며, 스트레스 수준이 낮다.

Big 5 성격 요인 측정 문항

개방성

1 상식이나 어휘를 많이 아는 편이다.
2 상상력이 풍부하다.
3 훌륭한 아이디어를 낼 때가 많다.
4 이해가 빠른 편이다.
5 어려운 단어를 많이 사용한다.
6 깊은 생각에 잠길 때가 많다.
7 내 머릿속은 여러 아이디어로 가득 차 있다.
8 추상적인 개념을 이해하기 어려울 때가 많다. *
9 추상적인 관념에는 별 관심이 없다. *
10 상상력이 풍부하지 못하다. *

우호성

1 다른 사람들에게 관심이 많다.
2 다른 사람의 기분을 잘 이해하는 편이다.
3 따뜻하고 부드러운 마음을 가지고 있다.
4 다른 사람들을 위해 시간을 잘 낸다.
5 다른 사람의 감정을 내 것처럼 느낀다.
6 사람들을 편안하게 해준다.
7 다른 사람에게 별로 관심이 없다. *
8 다른 사람의 기분을 상하게 할 때가 있다. *
9 다른 사람의 문제에 별로 관심이 없다. *
10 다른 사람의 일에 대해 별로 걱정하지 않는다. *

성실성

1 항상 무엇이든 할 준비가 되어 있다.
2 세밀한 부분에도 주의를 기울인다.
3 질서 정연한 것을 좋아한다.
4 어질러지면 즉각 청소한다.
5 계획한 것을 그대로 실행한다.
6 일에 대해서는 가혹할 만큼 열심히 한다.
7 물건들을 잘 정돈하지 않는 편이다. *
8 일을 엉망으로 만들 때가 많다. *
9 물건들을 사용한 후에 제자리에 두는 것을 잘 잊는다. *
10 해야 할 일을 태만히 한다. *

신경증

1 나는 거의 항상 느긋한 편이다. *
2 나는 우울함을 거의 느끼지 않는다. *
3 나는 쉽게 불안해진다.
4 걱정을 많이 하는 편이다.
5 마음이 쉽게 심란해진다.
6 화를 잘 내는 편이다.
7 기분의 변화가 심하다.
8 감정 기복이 심한 편이다.
9 쉽게 짜증이 난다.
10 자주 우울해진다.

외향성

1 나는 모임에서 분위기를 주도하는 인물이다.
2 나는 여러 사람들 사이에서도 위축되지 않는다.
3 사람들과 대화할 때 먼저 말을 거는 편이다.
4 나는 사교 모임에서 여러 사람들과 잘 어울린다.
5 남의 시선이 내게 집중되는 것을 꺼리지 않는다.
6 나는 평소 말을 많이 하지 않는 편이다. *
7 모임에서 나를 잘 드러내지 않는다. *
8 다른 사람들과 있어도 별로 할 이야기가 없다. *
9 나에게 주의가 집중되는 것이 싫다. *
10 모르는 사람들과 있을 때 과묵해진다. *

Big 5
Personality
Traits
Measurement
Questions

1
개방성

한국인은 스스로를 덜 개방적이라고 생각한다

한국인의 개방성은 5점 만점에 3.35점이었다. 자신을 개방적(4점 이상)이라고 답한 사람보다 그렇지 않다(2점 이하)고 답한 사람들이 더 많았는데, 이는 전반적으로 한국인들이 스스로를 덜 개방적이라고 생각하고 있음을 보여준다.

소년의 호기심은 중년 이후에 다시 찾아온다

연령대별로는 10대와 60대의 개방성이 높게 나타났다. 40대까지 지속적으로 감소하던 개방성은 50대부터 반등하여 60대에 이르면 10대 수준으로 회복된다. 중년 이후로 개방성이 증가한다는 점이 새롭다. 이는 50대 이후에 새로운 학습과 경험에 대한 욕구가 증가한다는 점을 시사한다. 전반적으로 남성이 여성보다 높은 개방성을 보였는데, 이는 여성이 남성보다 개방성이 높다는 미국의 연구와는 상반된 결과다.

한국인의 개방성 점수 분포

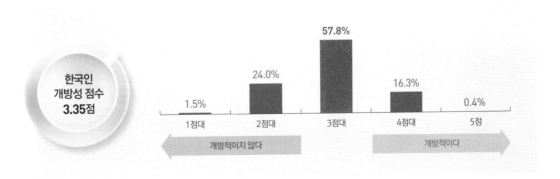

성별×연령별 개방성 점수

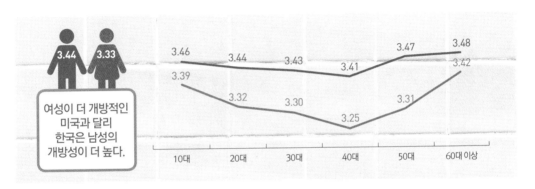

성실한 사람보다는 즉흥적인 사람이 많다

성실성의 전체 평균은 중간 정도인 3.26점이었으며, 성실성이 높은
사람들(4~5점)보다 성실성이 낮은 사람들(2점 이하)의 비율이 더 높은
점이 흥미롭다.

우리는 살아가면서 조금씩 더 성실해진다

성실성의 경우 연령이 높아짐에 따라 꾸준히 증가하는 패턴을 보였
다. 10대와 20대까지의 성실성은 매우 낮았지만, 30대가 되면서부
터 점점 증가하기 시작했다. '나이 들수록 철이 드는 것'이란 해석이
가능하다. 성별로 나누어 살펴보면 전반적으로 남자가 여자보다 성
실성이 약간 높은 것으로 나타났다. 이러한 남녀 차이는 모든 연령대
에서 나타났다.

한국인의 성실성 점수 분포

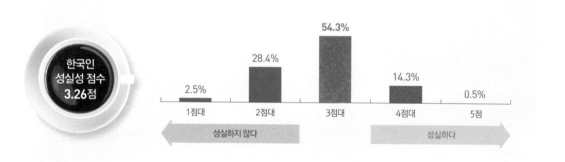

성별 × 연령별 성실성 점수

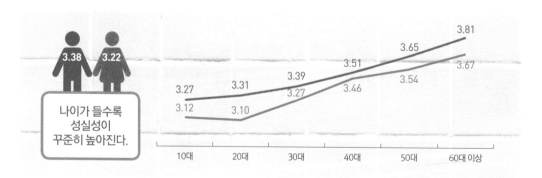

3
외향성

대체로 내향적인 한국인

외향성의 전체 평균은 3.07점이었다. 그중 1~2점대에 해당하는 응답자의 비율이 무려 43.9%나 되었으며 4점 이상은 13.6%에 불과했다. 우리나라 사람들이 스스로를 내향적이라고 여긴다는 것을 보여주는 결과다.

중년 이후 외향성이 뒤바뀌는 남녀

연령대에 따라 큰 차이가 나타나진 않았지만, 10대가 다른 연령대에 비해 더 외향적인 것으로 나타났다. 나머지 연령대의 외향성은 거의 비슷했다. 그러나 성별 분석에서는 양상이 조금 다르게 나타났다. 10대의 경우 남성이 여성보다 외향성이 더 높았지만, 20대와 30대에서는 격차가 거의 나지 않았으며, 40대와 50대에서는 여성이 남성보다 더 외향적인 것으로 나타났다.

한국인의 외향성 점수 분포

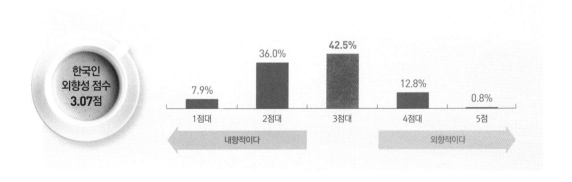

성별×연령별 외향성 점수

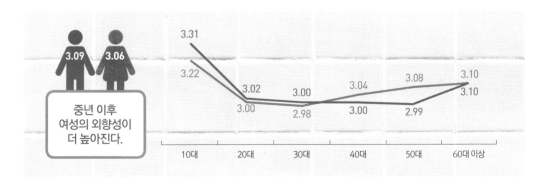

우리는 대체로 적당히 우호적이다

우호성의 전체 평균은 3.37점이었고, 그중 약 80%의 응답자들이 2~3점대의 점수를 기록했다. 4~5점의 높은 우호성을 보인 응답자는 약 17% 정도였다.

가장 우호적인 10대, 가장 까칠한 30대

연령대별로 보면 역시 10대가 우호성이 가장 높았고, 20대와 30대의 우호성은 다른 연령대에 비해 낮았다. 특히 30대의 우호성이 가장 낮았으며, 이후 나이가 들면서 완만하게 증가하는 양상을 보였다. 우호성의 경우, 남녀의 차이는 전 연령대에 걸쳐 미미하게 나타났다.

한국인의 우호성 점수 분포

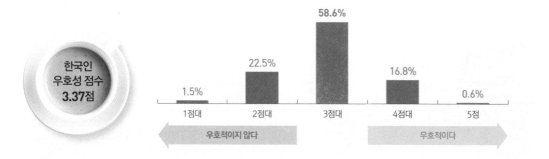

성별 × 연령별 우호성 점수

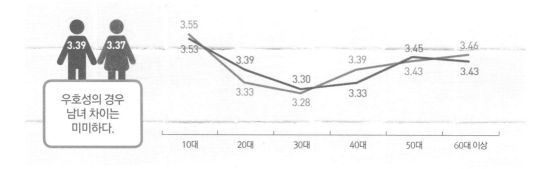

5
신경증

정서적으로 매우 안정적인 사람들은 단 1.1%

신경증 점수의 전체 평균은 3.28점이었고, 다른 성격 요인에 비해서 점수대가 고르게 퍼져 있었다. 신경증이 낮은 1점대 사람들의 비율이 6.3%로 꽤 높게 나타난 반면, 정서적으로 매우 안정적인 사람들은 1.1%에 불과했다.

30대까지는 신경증의 고공행진 시기

신경증의 경우 다른 성격 요인들에 비해 연령대에 따라 큰 차이를 보였다. 10대에서 20대, 30대까지 3점대 이상으로 고공행진을 하던 신경증 점수는 40대를 기점으로 감소하기 시작하여 60대 이상에서 가장 낮은 수준을 보였다. 사람은 나이가 들수록 걱정과 불안이 줄어들고 정서적으로도 점점 안정되어간다는 것을 보여주는 결과다. 인생에서 20~30대가 가장 불안하고 짜증을 많이 내는 시기라는 점도 주목할 만하다.

한국인의 신경증 점수 분포

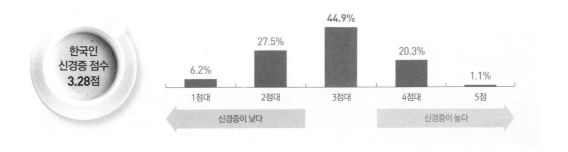

성별×연령별 신경증 점수

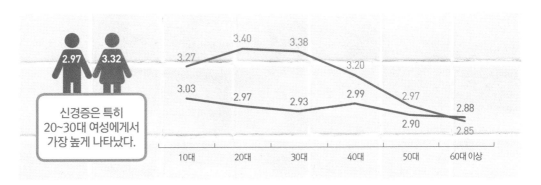

정서적으로 가장 불안정한 20~30대 여성들

신경증의 경우 5가지 성격 요인 중에서 남녀 차이가 가장 큰 것으로 나타났다. 여자가 남자보다 훨씬 더 신경증이 높았는데, 특히 20대와 30대에서 신경증의 차이가 큰 것을 볼 수 있다. 그리고 이러한 남녀 차이는 40대부터 점점 줄어들기 시작하여 60대에서는 거의 사라졌다. 남녀를 구분해서 살펴보면 남성의 경우에는 연령대별 차이가 크지 않았던 반면 여성은 연령에 따른 신경증 차이가 확연하게 나타났다. 모든 집단 중에서 가장 신경증 경향이 높은 집단은 20~30대 여성이었다. 이 나이대가 여성들에게 정서적으로 가장 불안정한 시기임을 보여준다.

남녀의 성격 차이, 답은 신경증 요인에 있다

남녀의 성격 차이를 하단의 그래프로 나타냈을 때 개방성, 성실성, 신경증에서 눈에 띄는 차이를 발견할 수 있었다. 특히 신경증에서 매우 큰 폭의 차이가 있었는데, 이 점은 기존 연구에서 꾸준히 밝혀지고 있는 결과와 일맥상통한다. 기존 연구에 따르면 여자는 남자에 비해 신경증과 밀접하게 관련이 있는 불안이나 우울과 같은 부정정서 수준이 높은 편이고, 그로 인해 우울증, 불안증, 공황장애, 성격장애 등도 더 많이 겪고 있는 것으로 알려져 있다.

Big 5 성격 요인의 남녀 차이

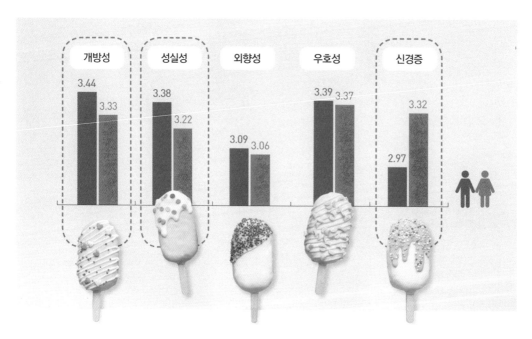

지역별 성격 차이, 정말 있을까?

Big 5로 알아본 지역별 성격 탐구

○
결론부터 말하면 지역에 따른 성격 차이는 전반적으로 매우 미미한 수준이었다. 따라서 아래에서 설명하는 지역별 성격 차이를 지나치게 확대 해석해서는 안 된다는 것을 미리 밝혀둔다.

개방성

개방성의 경우 지역별로 크게 차이가 없는 가운데, 해외에 거주하고 있는 사람들의 개방성이 가장 높은 것으로 나타났다. 국내에서는 서울의 개방성이 가장 높았고, 상대적으로 경상북도와 전라남도의 개방성이 가장 낮았다.

그렇다면 해외 거주자들의 개방성이 국내 거주자들보다 높은 것은 무엇 때문일까? 익숙하지 않은 환경에서의 경험이 사람을 개방적으로 만들기 때문일 수도 있고, 본래 개방성이 높은 사람들이 해외로 이주했기 때문일 수도 있다. 이 조사만으로는 정확한 원인을 파악하기 어렵다.

성실성

성실성은 세종시와 서울이 가장 높은 것으로 나타났고, 상대적으로 경상남도와 경상북도의 성실성이 가장 낮은 것으로 나타났다. 그러나 지역별 점수 차이는 아주 작았다.

외향성

외향성은 세종시가 가장 높은 것으로 나타났다. 개방성이 가장 높았던 해외 거주자들의 경우 오히려 외향성은 가장 낮은 것으로 나타났다. 그러나 이 역시 지역 간 차이는 미미한 수준이다.

우호성

우호성이 가장 높은 지역은 전라남도였고, 반대로 서울의 우호성이 가장 낮았다. 우호성이 낮은 것은 서울뿐만 아니라 대다수 광역시들도 마찬가지였다. 대도시일수록 사람들의 우호성이 낮아진다는 점에서 '차가운 도시 사람들'이라는 이미지가 일정 부분 사실임을 알 수 있다.

신경증

신경증 역시 지역 차이가 크지 않았다. 그중에서는 충청북도가 신경증이 가장 높은 것으로 나타났고, 세종시가 가장 낮게 나타났다.

개방성

| 전남 3.29 | 경북 3.29 | 충남 3.30 | 평균 3.35 | 부산 3.36 | 세종시 3.40 | 서울 3.40 |

개방성 낮음 — 개방성 높음

성실성

| 경남 3.23 | 경북 3.24 | 대구 3.24 | 평균 3.26 | 울산 3.27 | 서울 3.27 | 세종시 3.29 |

성실성 낮음 — 성실성 높음

외향성

| 전남 3.01 | 전북 3.02 | 경북 3.02 | 평균 3.07 | 인천 3.09 | 부산 3.10 | 세종시 3.13 |

외향성 낮음 — 외향성 높음

우호성

| 서울 3.35 | 대전 3.37 | 대구 3.38 | 평균 3.37 | 경남 3.39 | 세종시 3.40 | 전남 3.41 |

우호성 낮음 — 우호성 높음

신경증

| 세종시 3.20 | 서울 3.25 | 부산 3.26 | 평균 3.28 | 대전 3.30 | 충남 3.32 | 충북 3.33 |

신경증 낮음 — 신경증 높음

지역별 Big 5 성격 비교

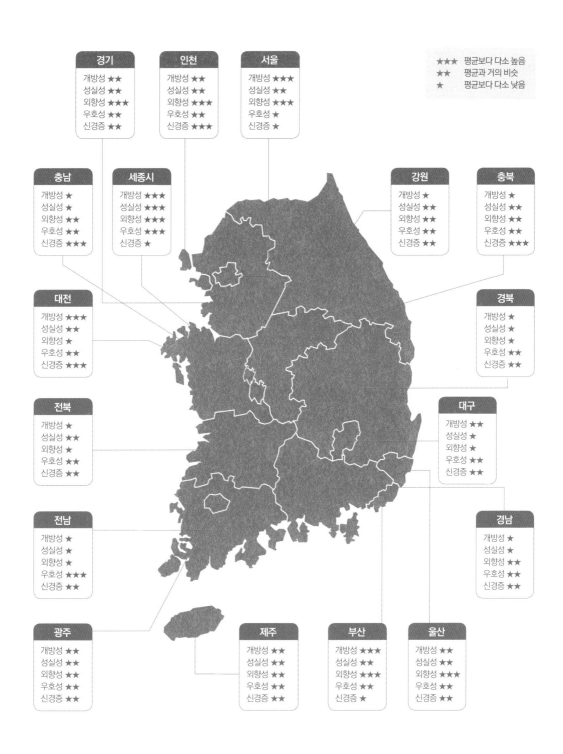

경기
개방성 ★★
성실성 ★★
외향성 ★★★
우호성 ★★
신경증 ★★

인천
개방성 ★★
성실성 ★★
외향성 ★★★
우호성 ★★
신경증 ★★★

서울
개방성 ★★★
성실성 ★★
외향성 ★★★
우호성 ★
신경증 ★

★★★ 평균보다 다소 높음
★★ 평균과 거의 비슷
★ 평균보다 다소 낮음

충남
개방성 ★
성실성 ★
외향성 ★★
우호성 ★★
신경증 ★★★

세종시
개방성 ★★★
성실성 ★★★
외향성 ★★★
우호성 ★★★
신경증 ★

강원
개방성 ★
성실성 ★★
외향성 ★★
우호성 ★★
신경증 ★★

충북
개방성 ★
성실성 ★★
외향성 ★★
우호성 ★★
신경증 ★★★

대전
개방성 ★★★
성실성 ★★
외향성 ★
우호성 ★★
신경증 ★★★

경북
개방성 ★
성실성 ★
외향성 ★
우호성 ★★
신경증 ★★

전북
개방성 ★
성실성 ★★
외향성 ★
우호성 ★★
신경증 ★★

대구
개방성 ★★
성실성 ★
외향성 ★
우호성 ★★
신경증 ★★

전남
개방성 ★
성실성 ★★
외향성 ★
우호성 ★★★
신경증 ★★

경남
개방성 ★
성실성 ★
외향성 ★★
우호성 ★★
신경증 ★★

광주
개방성 ★★
성실성 ★★
외향성 ★★
우호성 ★★
신경증 ★★

제주
개방성 ★★
성실성 ★★
외향성 ★★
우호성 ★★
신경증 ★★

부산
개방성 ★★★
성실성 ★★
외향성 ★★★
우호성 ★★
신경증 ★

울산
개방성 ★★
성실성 ★★
외향성 ★★
우호성 ★★
신경증 ★★

행복한 사람의 성격과 불행한 사람의 성격

Big 5 성격 요인과 행복의 관계

○

성격과 행복은 서로 어떤 관련이 있을까? 행복에 특별히 더 유리하거나 혹은 불리한 성격이 있을까? 기존 연구에 따르면 행복에 가장 많은 영향을 미치는 요인 중 하나가 바로 성격이다. 그중에서 특히 신경증과 외향성, 성실성은 행복과 매우 밀접하게 관련이 있는 것으로 알려져 있다. 안녕지수 조사에서는 5가지 성격 요인과 행복의 관련성을 면밀히 분석해보았다.

'개방성, 성실성, 외향성, 우호성, 신경증'의 5가지 성격 요인 중 행복에 가장 큰 영향을 끼치는 성격 요인이 있을까? 이를 알아보기 위해서는 5가지 성격 검사에 모두 참가한 사람들의 기록이 필요하다. 다행히 2018년 한 해 동안 5가지 성격 검사에 모두 참여한 사람의 숫자가 3,005명에 달했다. 이들의 자료를 통해 5가지 성격 요인들이 각각 행복에 영향을 미치는 정도를 비교해볼 수 있었다.

아래 그래프는 Big 5 요인과 안녕지수와의 관계를 나타낸 것이다. 막대의 길이가 길수록 행복에 밀접한 관련이 있다는 뜻이다. 그리고 막대그래프가 양수(+)인 것은 각 성격 요인의 점수가 높아질수록 행복 역시 높아진다는 것을 의미하고, 음수(-)는 해당 성격 요인의 점수가 높아질수록 행복이 감소한다는 것을 의미한다. 이를 종합해본 결과 개방성, 성실성, 외향성, 우호성이 높을수록, 그리고 신경증이 낮을수록 더 행복한 것으로 나타났다.

특히 신경증이 행복에 가장 큰 영향을 미치는 것으로 나타났다. 정서적으로 불안정하고 불안과 걱정을 자주 경험하는 성격이 행복에 가장 큰 영향을 미친다는 점은 기존 연구들에서도 밝혀진 사실이다. 하지만 안녕지수 조사에서처럼 다른 성격 요인들과 큰 격차를 보인 경우는 거의 없었다. 또한 타인에 대하여 친절하고 관대한 성격(우호성)의 중요성이 외향성만큼이나 강하게 나타난 것도 주목할 만한 결과다. 타인에 대한 친절이 자기 행복에도 긍정적으로 작동한다는 점을 시사한다.

Big 5 성격 요인과 안녕지수의 상관관계

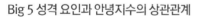

행복한 성격 vs. 덜 행복한 성격

아래 그래프는 전체 응답자의 안녕지수 평균을 기준으로 상위 1 표준편차(안녕지수 상위 16%)와 하위 1 표준편차(안녕지수 하위 16%)를 나누어 Big 5 성격 요인이 어떻게 다른지를 나타낸 것이다. 이를 토대로 행복한 사람과 덜 행복한 사람의 성격을 유추해보면 다음과 같다.

행복한 사람의 성격

- 늘 새로운 생각에 열려 있고, 호기심이 많다.
- 계획적으로 목표를 세우고 이를 실행해나가려 한다.
- 사람들과 어울리는 시간이 많고 외부 활동도 많다.
- 정서적으로 안정되어 있으며, 일상생활에서도 스트레스를 비교적 적게 받는 편이다.

덜 행복한 사람의 성격

- 새로운 것보다는 익숙한 것을 선호한다.
- 일을 진행하는 데 있어서 다소 즉흥적인 경향이 있다.
- 사람들과 어울리기보다는 혼자 있는 시간이 많다.
- 부정적인 사건에 민감하게 반응하며, 스트레스 수준도 높은 편이다.

행복한 사람과 덜 행복한 사람의 Big 5 비교

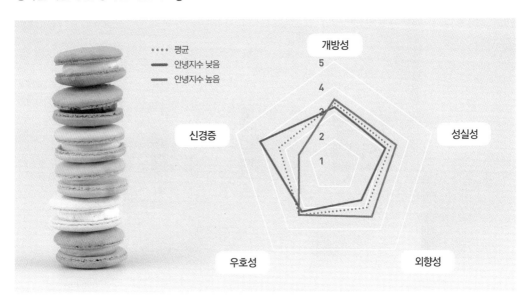

연령대별로 특히 중요한 성격 요인이 있다?

지금까지 5가지 성격 요인이 행복 수준을 가늠하는 강력한 요인이라는 점을 살펴봤다. 결론적으로 개방적일수록, 성실할수록, 우호적일수록, 외향적일수록, 그리고 정서적으로 안정적일수록 더 행복하다는 것을 알 수 있다. 그런데 이처럼 성격이 행복에 미치는 영향력은 나이와 상관없이 일정할까? 성격과 행복 간의 관련이 보다 밀접하게 나타나는 나이대가 따로 있을까?

이 질문에 답하기 위해서 우리는 각각의 성격 요인과 행복이 얼마나 긴밀한 관계를 맺고 있는지를 연령대별로 살펴보았다. 앞서 분석한 결과를 바탕으로 행복과 가장 큰 상관이 있었던 성격 요인부터 순서대로 살펴본 결과 다음과 같은 사실을 유추해낼 수 있었다.

연령대별로 특히 중요한 성격 요인

- 신경증은 모든 연령대에서 행복에 치명적이다.

- 외향성은 10대에 특히 큰 영향력을 미친다.

- 우호성은 10대와 60대의 행복에 강하게 작용한다. 청소년기와 노년기에는 타인과 우호적인 관계를 유지하는 것이 매우 중요하다는 점을 시사한다.

- 성실성은 다른 연령대에 비해 10대의 행복에 조금 더 중요하다.

- 나이를 불문하고 개방적일수록 더 행복하다.

Big 5 성격 요인이 연령대별로 미치는 영향

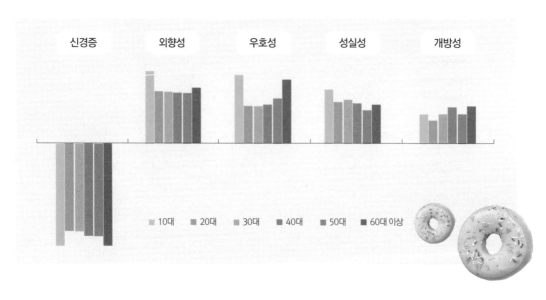

성별에 따라 더 중요한 성격 요인도 있을까?
성격 요인이 행복에 미치는 영향력이 특정 연령에 따라 달라지는 것
과는 달리 성별에 따른 차이는 없었다. 남녀 모두에게 신경증은 행복
에 가장 치명적이었으며, 외향성과 우호성, 성실성, 개방성이 높을수
록 행복을 높이는 데 도움이 되었다.

개방적일수록, 성실할수록, 우호적일수록, 외향적일수록,
그리고 정서적으로 안정적일수록 더 행복하다.

Self-esteem

자존감이 행복을 가져다줄 수 있을까?

정답사회를 헤쳐나가기 위한 자존감

자존감은 행복의 필수 요소다. 성별, 연령별, 지역별로 한국인의 자존감 수준을 살펴보고, 자존감과 행복의 관계를 심층 분석해보았다.

영어 단어 self-esteem은 우리말로 자존감, 혹은 자아존중감으로 번역된다. esteem이란 단어가 '대단한 존경'을 의미하기 때문에, self-esteem은 글자 그대로 '자기 자신을 매우 존경하는 마음 상태' 라고 할 수 있다.

자신에 대한 근거 없는 과대평가에서 비롯되는 자만심과는 달리 자 존감은 있는 그대로의 자신을 수용하고 인정하는 자세다. 때로는 좌 절하고 열등감을 느끼기도 하지만, 그럼에도 불구하고 자신을 가치 있는 사람으로 존중하는 것이 자존감의 특징이다. 자존감은 실패로 부터 우리를 보호해주는 방패이자, 목표를 향해 전진하도록 돕는 마 음의 엔진이다. 방탄소년단 BTS 이 유니세프 UNICEF 와 함께 자신을 먼저 사랑하고, 그 힘으로 세상을 바꾸자는 'LOVE MYSELF' 캠페인 을 시작한 것도 방패와 엔진으로서의 자존감의 중요성을 인식한 결 과라고 할 수 있다.

방탄소년단이
'Love myself'를 외친 까닭은?
정답사회를 살아가는 우리의
자존감은 안녕할까?

한국 사회에 대해 흔히들 '정답사회'라는 자조적 표현을 쓴다. 10대에는 좋은 학교에 가는 것, 20대에는 좋은 직장을 잡는 것, 30대에는 좋은 사람 만나 좋은 가정을 꾸리는 것 등 한국인들은 각 연령대에 맞게 주어진 정답을 향해 좁은 길을 질주하고 있다. 치열한 경쟁, 타인과의 비교, 자기보다 집단을 중시하는 문화가 지배하는 그 좁은 길을 성공적으로 걸어가기 위해서는 높은 자존감이 필수다. 과연 대한민국 사람들은 어느 정도의 자존감을 누리고 있을까?

자존감은 어떻게 측정할까?

우리는 자존감 측정 도구로 가장 유명한 '로젠버그 자존감 지수 Rosenberg self-esteem scale'를 사용하여 국민들의 자존감 수준을 측정했다. 미국의 사회학자 모리스 로젠버그 Morris Rosenburg 가 1965년에 개발한 이 척도는 다음과 같은 10개 문항으로 구성되어 있다. 조사에 참가한 사람들은 이 문항들에 대하여 7점 척도(1 = 전혀 아니다, 7 = 매우 그렇다)로 응답했다.

로젠버그 자존감 지수 측정 문항

1 나는 무엇이든 다른 사람들만큼 잘할 수 있다.

2 나는 나 자신에 대해 긍정적으로 생각한다.

3 사람들과 비교했을 때 나는 가치 있는 사람이라 믿는다.

4 나에게도 몇 가지 좋은 장점이 있을 것이라고 믿는다.

5 전반적으로 나는 실패자인 것 같다.*

6 내게는 내세울 만한 것이 없다.*

7 나는 나 자신에 대하여 대체로 만족한다.

8 나는 내가 나를 좀 더 존중했으면 좋겠다.*

9 때때로 내가 아주 쓸모없는 사람이라는 느낌이 든다.*

10 때때로 내가 무능하다는 생각이 든다.*

*표시 문항은 역으로 점수를 계산한다.

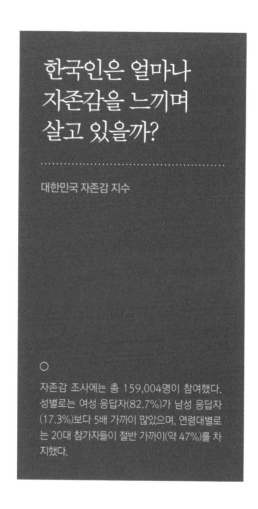

한국인은 얼마나 자존감을 느끼며 살고 있을까?

대한민국 자존감 지수

○
자존감 조사에는 총 159,004명이 참여했다. 성별로는 여성 응답자(82.7%)가 남성 응답자(17.3%)보다 5배 가까이 많았으며, 연령대별로는 20대 참가자들이 절반 가까이(약 47%)를 차지했다.

대한민국 자존감 점수는?

2018년 대한민국의 평균 자존감 점수는 7점 만점에 4.6점(표준편차 1.2점)이었다. 얼핏 보면 중간값인 4점을 상회하는 점수이기 때문에, 낮지 않은 자존감 수준이라고 생각할 수 있다.

점수 분포를 통해 좀 더 상세하게 들여다보는 것이 우리의 자존감 수준을 진단하는 데 도움이 될 수 있다. 아래 그래프에서 볼 수 있듯이 최상위권인 6점 이상이 14%에 불과했다. 5점대 응답자의 비율도 26%에 그쳤다. 종합하면 7점 중 5점 이상의 자존감 수준을 보인 사람들이 40%에 불과한 것이다. 자존감이 3점대 이하인 사람들이 30%를 차지하고 있었으며, 이 중 10%는 2점대 이하의 매우 낮은 자존감 점수를 나타냈다. 우리나라 사람들 중 낮은 자존감을 경험하고 있는 사람들이 많다는 점을 확인할 수 있다.

다른 나라 사람들의 자존감 점수와 비교해보는 것도 우리의 수준을 파악하는 데 도움이 된다. 이번 안녕지수 조사에서 사용한 척도와 동일한 척도를 사용하여 미국인과 일본인의 자존감을 측정한 기존 연구 결과와 비교해보았다. 그 결과 한국인의 자존감 수준은 미국인 평균보다 약 1점 정도 낮은 반면, 일본인 평균과는 비슷한 수준을 보였다. 로젠버그 자존감 척도로 동서양 53개 국가의 자존감 평균을 비교한 또 다른 연구 결과를 보면, 한국은 53개 국가 중 46위로 매우 낮은 자존감 수준을 보인다.

대한민국 자존감 평균 점수 분포

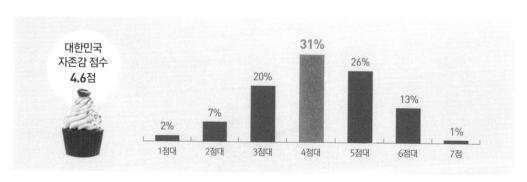

한국인의
자존감 점수는
미국인보다 낮고,
일본인과
비슷한 수준이다。

이번 안녕지수 조사로 살펴본 한국인의 자존감 수준은 낮은 편이라고 결론 내릴 수 있다.

여자와 남자, 누가 더 자존감이 높을까?
한국인의 자존감 평균을 성별로 분석해본 결과, 남성의 자존감 점수(4.8)가 여성의 자존감 점수(4.5)보다 높은 것으로 나타났다. 이 차이는 통계적으로 유의하였다.

자존감은 왜 여성에게서 낮게 나타날까? 가부장적 문화가 강한 한국 사회의 특성일까, 아니면 다른 문화권에서도 발견되는 보편적인 현상일까? 기존 연구에 따르면 여성의 자존감이 남성보다 낮은 것은 비단 한국 사회만의 특성이 아니라 보편적인 현상이다. 동서양 48개국의 자존감을 분석한 한 연구에 따르면, 정도의 차이는 있지만 모든 나라에서 남성이 여성보다 높은 자존감을 갖고 있는 것으로 나타났다. 이런 남녀의 자존감 차이는 각 문화의 남녀 불평등 정도와 직접적인 관련이 없는 것으로 밝혀졌다.

나이가 들면 자존감도 떨어질까?
나이가 들면 어쩔 수 없이 여러 가지 쇠퇴 현상들이 찾아오게 마련이다. 그렇다면 자존감의 경우는 어떨까? 나이가 들면 신체 능력과 인지 기능은 감퇴하고 수입도 줄어든다. 뿐만 아니라 이런저런 질병이며 주변 사람들의 죽음까지 자주 경험하는 만큼, 나이와 함께 자존감이 떨어지는 것은 당연해 보이기도 한다.

반대로 나이에 따른 부정적인 경험들이 오히려 자존감을 강화시켜줄 것이라는 예상도 할 수 있다. 심리학의 '공포 관리 이론Terror Management Theory'에 따르면 인간은 죽음의 공포를 이겨내기 위한 수단으로 자존감을 사용한다. 이 이론을 그대로 적용시켜본다면 나이가 들수록, 즉 죽음에 가까워질수록 역설적으로 자존감이 높아질 것이다.

과연 어느 주장이 맞을까? 분석 결과, 놀랍게도 자존감은 나이가 들수록 지속적으로 증가하는 것으로 나타났다.

다음 장의 그래프에 보이듯 자존감 점수는 20대에서부터 60대 이상에 이르기까지 꾸준한 상승 곡선을 그리고 있다. 10대에서 20대에 이르는 기간 동안 잠시 주춤하기는 했지만, 이 차이는 통계적으로 의

미 있는 수준은 아니다. '자신을 사랑하라'는 가르침이 유독 젊은이
들에게 설득력 있게 다가가는 이유는 평생에 걸쳐 그 시기의 자존감
이 가장 낮기 때문일 것이다. 나이 든 사람들에게 '자신을 사랑하라'
는 말이 낯선 이유도 역시 마찬가지다. 그들은 이미 자신을 사랑하는
법을 충분히 배웠기 때문일 수 있다.

연령대별 자존감 점수 변화

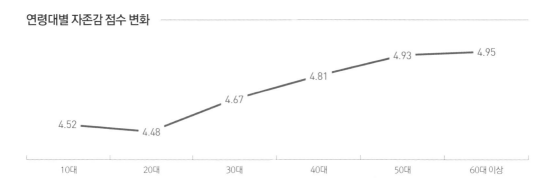

| 10대 | 20대 | 30대 | 40대 | 50대 | 60대 이상 |
| 4.52 | 4.48 | 4.67 | 4.81 | 4.93 | 4.95 |

나이와 함께 자존감이 높아지는 양상은 다른 문화권에서도 발견되
는 보편적 현상이다. 우리나라뿐 아니라 동아시아, 유럽, 북남미의 여
러 국가에서도 자존감은 청소년기에서 중장년기에 이르기까지 꾸준
히 높아지는 것으로 보고된 바 있다. 나이가 들면 겉모습이나 신체
능력은 비록 쇠퇴하지만, 내면은 오히려 강건해지고 성숙해진다는
것을 보여주는 고무적인 결과다.

우리는 살아가며 자신을 사랑하는 법을 배워나간다.
비록 몸은 늙어도 자존감은 늙지 않는 이유는 그 때문이다.

자존감의 남녀 차이는 언제까지 이어질까?

나이가 들면서 남녀의 자존감 차이는 어떻게 달라질까? 우리는 몇 가지 흥미로운 사실들을 확인할 수 있었다.

성별×연령대별 자존감 변화

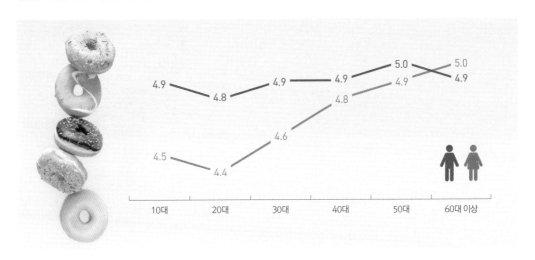

남성보다
가파르게 상승하는
여성의 자존감,
선진국 사회의
특징이다。

첫째, 남녀의 자존감 차이는 나이가 들수록 점점 줄어들었다. 남녀 차이는 10대 때 가장 컸고, 차츰 줄어들기 시작하다가 60대에 이르러서는 통계적으로 유의하지는 않았지만 역전되는 패턴을 보였다. 이 결과는 남녀의 자존감 차이가 나이와 상관없이 고정되어 있는 것은 아니라는 점을 명확하게 보여준다.

둘째, 나이와 함께 자존감이 높아지는 현상은 남자보다 여자에게서 더 뚜렷하게 나타났다. 나이가 들어감에 따라 남성의 자존감은 비교적 완만한 상승세를 보였지만, 여성은 상대적으로 가파른 상승세를 보였다. 나이에 따라 여성의 자존감이 남성보다 가파르게 상승하는 현상은 선진국 혹은 남녀 불평등이 적은 사회에서 주로 나타나는 현상이다.

셋째, 연령대와 성별을 모두 감안했을 때 10대와 20대 여성의 자존감이 가장 낮았다. 이는 이 시기의 여성들이 남성들이 겪지 않는 어려움을 겪고 있음을 시사한다. 외모에 대한 부담, 일과 결혼 사이의 갈등, 사회적 남녀 불평등에 대한 지각 등 이 시기 여성이 겪어야 하는 심리적·사회적 문제의 영향이라고 해석해볼 수 있다.

어느 지역 사람들의 자존감이 가장 높을까?

어디에 살고 있느냐에 따라 자존감에도 차이가 날까? 거주 지역별 자존감 평균 점수를 계산한 결과, 세종시의 자존감 평균 점수가 4.76으로 가장 높게 나타났다. 뒤를 이어 서울, 제주, 부산, 경기 순으로 자존감 점수가 높았으며, 반면에 전라도, 충청도, 경상북도의 자존감은 비교적 낮게 나타났다.

물론 자존감이 가장 높은 지역과 가장 낮은 지역이 0.27 정도의 차이에 불과한 만큼 지나친 확대 해석은 경계해야 한다.

지역별 자존감 점수

| 전북 4.49 | 전남 4.49 | 충남 4.49 | 경북 4.50 | 충북 4.52 | 평균 4.55 | 경기 4.56 | 부산 4.59 | 제주 4.62 | 서울 4.66 | 세종시 4.76 |

자존감 낮음　　　　　　　　　　　　　　　　　　　　　　자존감 높음

세종시, 서울, 제주가 자존감이 높게 나타났지만
다른 지역과의 편차가 유의미하게 큰 편은 아니다.

거주 지역에 따른 자존감 차이는 남녀 모두에게서 대체로 동일하게 나타났지만, 주목할 만한 몇 가지 특이점이 발견되었다. 강원도는 남성의 자존감 평균이 4.93으로 세종시에 이어 전국에서 두 번째로 높았지만, 여성의 자존감 평균 점수는 4.47로 남녀 차이가 가장 큰 지역으로 나타났다. 울산과 전라도 역시 남녀 차이가 큰 지역이었다. 반면 남녀의 자존감 차이가 가장 적은 지역은 대구와 제주였다.

지역별 남녀의 자존감 차이

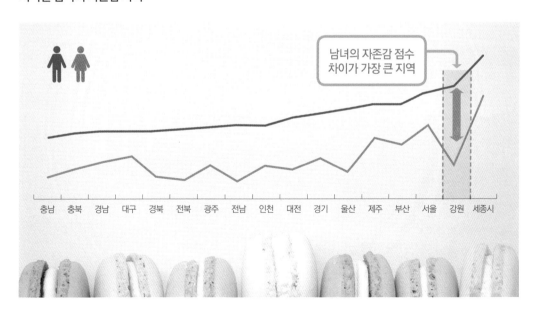

남녀의 자존감 점수 차이가 가장 큰 지역

충남 충북 경남 대구 경북 전북 광주 전남 인천 대전 경기 울산 제주 부산 서울 강원 세종시

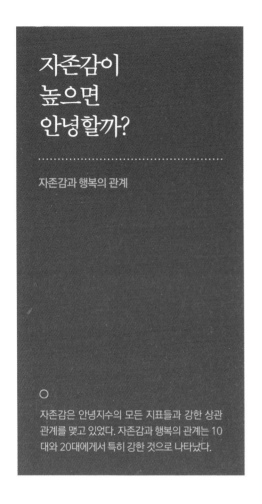

자존감이
높으면
안녕할까?

....

자존감과 행복의 관계

○
자존감은 안녕지수의 모든 지표들과 강한 상관
관계를 맺고 있었다. 자존감과 행복의 관계는 10
대와 20대에게서 특히 강한 것으로 나타났다.

안녕지수 조사에서 우리가 특별히 자존감에 주목
하는 까닭은 행복과의 높은 관련성 때문이다. 자
기 삶에 대한 만족이 행복의 중요한 요소라면, 자
기 자신에 대한 만족을 나타내는 자존감이 행복
과 강한 상관을 보이리라는 점은 쉽게 예상할 수
있다.

분석 결과, 자존감은 안녕지수 총점은 물론이고
삶의 만족도, 삶의 의미, 긍정정서, 부정정서와 모
두 밀접한 관계를 가지고 있는 것으로 나타났다.
다시 말해 자존감이 높은 사람일수록 평소에 좋
은 기분을 많이 느끼고, 부정적인 감정은 별로 경
험하지 않으며, 의미 있는 삶을 살고 있다고 느끼
며, 전반적으로 삶에 대한 만족도가 높은 것으로
나타났다. 이는 기존의 연구 결과들과도 일치하
는 내용이다.

자존감이
높은 사람일수록
전반적인 삶에 대한
만족도가 높다。

자존감과 안녕지수의 상관계수

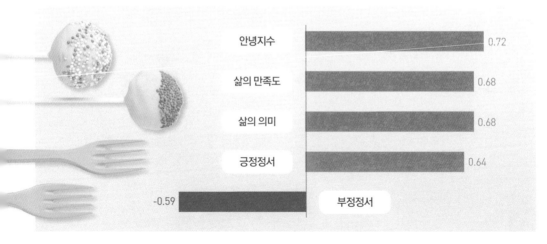

안녕지수	0.72
삶의 만족도	0.68
삶의 의미	0.68
긍정정서	0.64
부정정서	-0.59

※ 상관계수: 두 변수 간의 연관성을 보여주는 지표로, 값이 1 혹은 -1에 가까워질수록 연관성이 높다고 할 수 있다.

나이에 따라 자존감의 영향력이 달라진다

자존감과 행복의 관계는 나이와 어떤 관련성을 보일까? 나이가 들수록 자존감의 영향력이 커질까, 줄어들까?

분석 결과, 자존감과 안녕지수 총점, 삶의 만족도, 삶의 의미의 관계는 10대 때 가장 강하고 20대를 거치면서 조금씩 약화되는 패턴을 보였다. 삶의 만족도의 경우, 그 경향성이 가장 뚜렷했다. 종합해보면, 자존감이 높을수록 행복이 높아지는 패턴은 10대와 20대 때 제일 강하다고 말할 수 있다. 10대와 20대 때 자존감 수준 자체는 가장 낮지만, 행복에 미치는 영향력 자체는 가장 크다는 점이 매우 흥미롭다.

연령별 자존감과 안녕지수의 상관관계

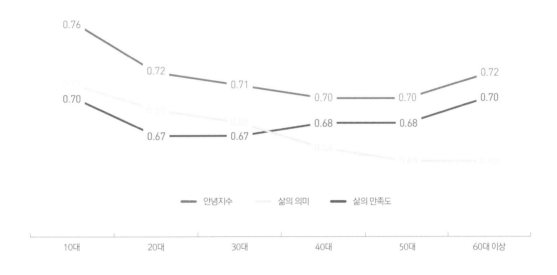

10대와 20대는
자존감이
행복에 미치는
영향력이
가장 큰 시기다。

Materialism

위대한 개츠비가
끝내 갖지 못한 것

더 많이 가져야만 더 행복해질 거라는 위험한 착각

더 많이 가져야만 더 많은 행복을 누릴 수 있다는 생각은 과연 옳을까? 물질주의적 가치관과 행복의 관계를 탐색하고, 한국인의 물질주의 성향이 어느 정도인지를 살펴보았다. 아울러 물질주의에 대한 성별, 연령별, 지역별 차이를 알아보았다.

"내 인생은 저 빛처럼 되어야만 해. 끝없이 올라가야만 하지."

– 영화 〈위대한 개츠비 The Great Gatsby〉 중에서

가난한 농부의 아들로 태어난 개츠비는 사랑하는 여인 데이지의 마음을 얻고 완벽한 삶을 살기 위해 부와 명예를 추구한다. 그는 금주령 시대에 술을 파는 등의 불법적인 일로 큰돈을 벌었고, 그 돈으로 마침내 화려한 삶을 거머쥐는 데 성공한다. 그러나 개츠비가 끝내 얻지 못한 것이 있다. 바로 사랑하는 사람의 마음과 행복이었다. 진정 원하던 것을 얻지 못한 채 개츠비는 결국 비극적으로 생을 마감한다. 이 이야기가 과연 영화나 소설 속에만 등장하는 허구라고 말할 수 있을까?

물질적으로 풍요로우면 반드시 행복이 뒤따를 것이라는 생각은 우리 주변 어디에서나 접할 수 있다. 1990년대만 해도 초등학생의 장래희망 1위는 대통령이나 과학자였다. 그러나 최근 조사에 따르면 초등학생의 장래희망에 '유튜버', '건물주'처럼 고소득을 올리는 것

으로 알려진 직업들이 등장한다.

인생의 목표를 질문했을 때에도 초등학생의 19.8%, 중학생의 38.0%, 고등학생의 45.9%가 '돈을 많이 버는 것'이 인생의 최종 목표라고 응답한 것으로 나타났다. 이처럼 물질을 획득하고 소유하는 것을 성공한 인생의 최고 기준으로 삼는 것을 가리켜 물질주의라 한다.

한국인의 물질주의적 성향은 어느 정도일까? 물질주의적 가치관을 측정하기 위해 현재 가장 널리 사용되고 있는 '물질주의 가치관 척도 Material Value Scale'를 이용했다. 물질주의 가치 척도는 총 18개 문항으로 이루어져 있지만, 안녕지수 조사에서는 다음과 같은 8개 문항을 선택하여 사용했다. 참가자들은 7점 척도(1=전혀 아니다, 7=매우 그렇다)를 기준으로 각 항목들에 대해 자신이 어느 정도에 해당하는지 응답했다.

물질주의 가치관 척도 측정 문항

1 값비싼 집, 차, 옷을 가진 사람들이 부럽다.

2 나의 물건들은 내가 인생을 잘 살고 있는지 말해준다.

3 나는 남들에게 인상을 남길 수 있는 물건들을 갖고 싶다.

4 나는 소유물의 수가 적고 단순한 인생이 좋다.*

5 물건을 사는 것은 내게 큰 즐거움을 준다.

6 갖고 싶은 물건을 가지면 인생이 더 나아질 것 같다.

7 더 많은 물건들을 살 여력이 된다면 더 행복해질 것이다.

8 사고 싶은 물건들을 살 수 없어 괴롭다.

* 표시 문항은 역으로 점수를 계산한다.

물질주의 공화국, 대한민국

한국인의 물질주의 성향

○
물질주의 조사에는 총 69,854명이 참여했다. 성별로는 여성 응답자(82.8%)가 남성 응답자(17.2%)보다 5배 가까이 많았으며, 연령대별로는 20대가 절반 가까이(약 46%)를 차지했다.

대한민국의 물질주의 평균 점수는 7점 만점에 4.47점이었다. 점수별 분포를 살펴보면 극단적인 물질주의자(6점 이상)가 10.5%였고, 극단적인 탈물질주의자(2점 이하)도 10%에 달하는 것으로 나타났다. 나머지 약 80%의 사람들은 3~5점대에 몰려 있었다.

한국인의 물질주의 성향이 과거에 비해 증가한 것인지를 살펴보기 위해 2014년의 조사 결과와 비교해보았다. 20~50대 한국인 약 830여 명을 대상으로 이루어진 2014년 조사에서 물질주의 점수는 3.98이었는데, 4년 만에 4.47로 0.49점이 상승한 것으로 나타났다. 대한민국의 물질주의가 과거보다 크게 증가했음을 알 수 있다.

다른 나라보다 우리나라의 물질주의가 강하다는 점은 '세계 가치관 조사 World Value Survey'의 결과에서도 확연하게 드러난다. 세계 가치관 조사는 약 100여 개국을 대상으로 가치관을 측정하는 조사다. 2010~2014년 조사에 따르면 한국의 물질주의자 비율은 44.2%로, 전체 조사 대상 국가의 평균인 21.5%보다 2배 이상 높았다. 뿐만 아니라 미국(23.2%), 일본(19.3%)과 비교했을 때도 한국의 물질주의자 비율이 높았다. 반면에 개인의 성장과 내적인 가치를 중시하는 탈물질주의자의 비율은 전체 조사 국가의 평균치인 15%와 미국 16.7%보다도 훨씬 낮은 5.1%에 그쳤다.

대한민국 물질주의 평균 점수 분포

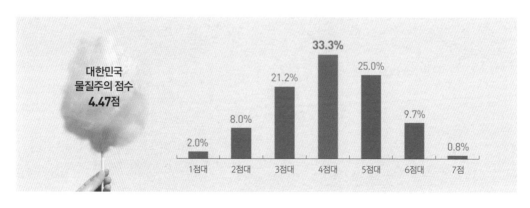

대한민국 물질주의 점수 4.47점

2.0% 1점대
8.0% 2점대
21.2% 3점대
33.3% 4점대
25.0% 5점대
9.7% 6점대
0.8% 7점

국가별 물질주의자/비물질주의자 비율

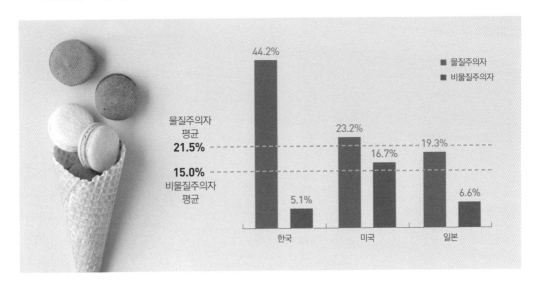

44.2%

■ 물질주의자
■ 비물질주의자

물질주의자
평균
21.5%

15.0%
비물질주의자
평균

23.2%

16.7%

19.3%

5.1%

6.6%

한국　　　　　미국　　　　　일본

여성에게 명품백은 정말 중요할까?

물질주의 성향은 남성(평균 4.31)보다 여성(평균 4.5)에게서 높게 나타
났다. 이를 좀 더 명확하게 이해하기 위해 편의상 평균 점수 4.47을
기준으로 표준편차(1.15)보다 높은 집단을 물질주의자, 표준편차보다
낮은 집단을 탈물질주의자라 부르고 각각의 비율이 남성과 여성에
게 어떻게 분포되어 있는지 살펴보았다. 그 결과 다음 그래프에서 볼
수 있듯이 물질주의자의 비율은 여성에게서 많고, 탈물질주의자의
비율은 남성에게서 많은 것으로 나타났다.

남녀의 물질주의자 비율

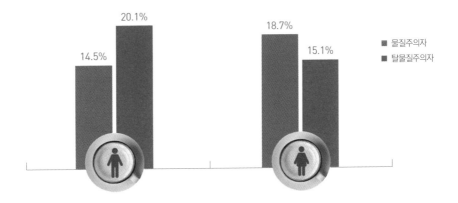

14.5%

20.1%

18.7%

15.1%

■ 물질주의자
■ 탈물질주의자

물질주의는 나이와 함께 줄어들까?

물질주의는 20대에 정점을 찍은 뒤 나이와 함께 점점 감소하는 것으로 나타났다. 앞에서와 같은 방법으로 물질주의자와 탈물질주의자의 비율을 살펴보면 나이에 따른 물질주의 감소 패턴을 보다 분명하게 확인할 수 있다. 물질주의자의 비율은 20대에서 가장 높았고, 그 이후부터 급격하게 감소했다. 반면에 탈물질주의자의 비율은 20대에서 가장 낮았고, 그 이후부터 선형적으로 늘어나는 패턴을 보였다. 한마디로 나이가 들수록 물질보다는 탈물질의 가치를 중시하는 경향이 강해진다고 볼 수 있다.

연령대별 물질주의자 비율

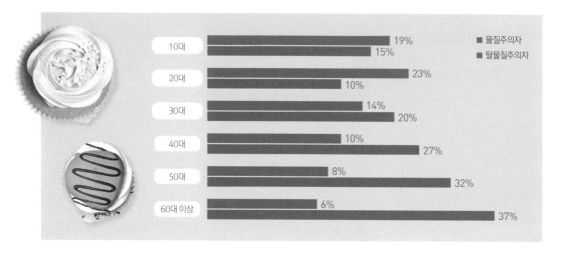

나이가 들면 남녀의 물질주의 격차도 사라질까?

앞서 물질주의적 성향은 남성보다 여성이 강하고, 나이 들수록 감소한다는 점을 확인했다. 그렇다면 물질주의의 남녀 차이도 나이가 들면 사라질까?

아래 그래프에서 확인할 수 있듯이 남녀 모두 나이가 들면 물질주의가 감소하는 패턴을 보였다. 물질주의의 남녀 차이는 10대와 20대에서 주로 나타났으며, 특히 20대에서 가장 크게 나타났다. 흥미롭게도 30대부터는 남녀 차이가 거의 사라지는 양상을 보였다. 따라서 물질주의의 남녀 차이를 논할 때 조사 대상자들의 나이를 고려하지 않을 경우 '여성이 남성보다 물질주의가 강하다'는 반쪽짜리 결론을 내릴 가능성이 높으므로 주의를 요한다.

성별×연령대별 물질주의 변화

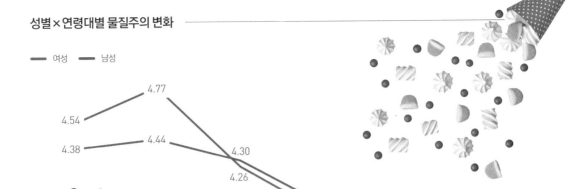

━ 여성 ━ 남성

4.54
4.77
4.38
4.44
4.30
4.26
4.13
4.01
3.87
3.85
3.79
3.70

10대 　 20대 　 30대 　 40대 　 50대 　 60대 이상

물질주의가 가장 강한 지역은 어디일까?

한국에서 물질주의가 가장 강한 지역과 낮은 지역은 어디일까? 지방보다는 서울에서 물질주의가 강할 것으로 생각하기 쉽다. 그러나 17개 지역의 물질주의 평균을 비교해보니 예상과는 달리 서울은 하위권이었고, 최상위권에는 주로 지방의 광역시들이 포진하고 있었다. **대구, 광주, 부산, 대전, 인천, 울산이 최상위권에 자리하고 있었으며, 물질주의가 가장 낮은 곳은 세종시와 제주도였다.**

지역별 물질주의 점수

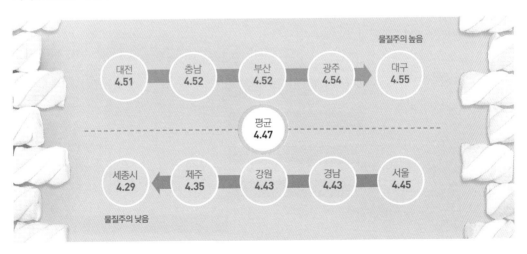

물질주의 높음

| 대전 4.51 | 충남 4.52 | 부산 4.52 | 광주 4.54 | 대구 4.55 |

평균 4.47

| 세종시 4.29 | 제주 4.35 | 강원 4.43 | 경남 4.43 | 서울 4.45 |

물질주의 낮음

행복을 꿈꾼다면 물질주의를 버려야 할까?

....

물질주의와 행복의 상관관계

○

물질주의가 행복에 미치는 영향을 조사한 결과, 물질주의 성향이 높을수록 개인의 행복은 감소하는 것으로 나타났다. 이러한 영향력은 나이가 들수록 더 강력하게 작용했다.

물질주의가 개인의 행복을 저하시키는 주범 중 하나라는 사실은 다수의 심리학 연구들에서 반복적으로 확인된 바 있다. 안녕지수 조사에서도 이와 일치하는 결과가 나타났다. 아래 그래프에서 볼 수 있듯이 물질주의는 안녕지수의 모든 요소들과 관계를 맺고 있었다.

물질주의는 누구에게 더 위협적일까?

물질주의가 행복을 저하시키는 현상은 남성과 여성 모두에게 동일하게 나타날까? 답은 그렇다이다. 물질주의와 안녕지수와의 상관관계는 남성에게서 -0.27, 여성에게서 -0.29로 큰 차이 없이 나타났다.

물질주의의 영향력은 나이가 들면 사라질까?

나이가 들수록 물질주의 가치가 감소한다는 점은 앞서 살펴보았다. 그렇다면 물질주의가 행복에 미치는 영향은 나이에 따라 어떻게 다르게 나타날까? 다음 그래프는 나이에 따른 물질주의와 안녕지수, 그리고 물질주의와 부정적 기분의 관계를 보여주고 있다. 물질주의적 가치가 행복감에 미치는 영향력은 나이가 들수록 커지는 패턴을 보였다. 특히 60대에게서 물질주의가 행복을 저해하는 정도가 가장 크다는 점을 알 수 있다.

물질주의와 심리적 안녕감의 관계 ————————————

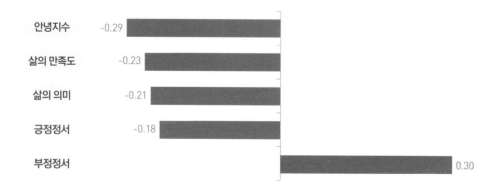

안녕지수	-0.29
삶의 만족도	-0.23
삶의 의미	-0.21
긍정정서	-0.18
부정정서	0.30

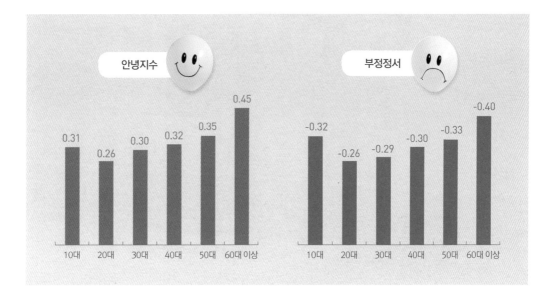

물질의 가치를 중요하게 여길수록
행복한 인생과는 점점 멀어지고
오히려 불행한 인생에 가까워진다.

Gratitude

감사의 힘은 우리 삶을
얼마나 바꿀 수 있을까?

감사가 행복에 미치는 영향

감사가 행복에 미치는 힘은 어느 정도일까? 한국인의 감사 수준은 어느 정도이며 성별, 나이별, 지역별 차이는 어떻게 될까?

"너의 변함없는 도움에 말로 다 하지 못할 고마움을 느낀다. 요즘은 네 생각을 많이 한다. 그래서 더욱 더 내 그림이 활기 있고 진지하고 강렬하게 되어 너에게 빨리 기쁨을 주고 싶다."

– 빈센트 반 고흐, '테오에게 보내는 편지' 중에서(《반 고흐, 영혼의 편지》)

행복을 좌우하는 감사의 힘

심리학에서는 감사를 '상호작용', '인식', '개인의 성향'이라는 3개의 키워드로 파악한다.

첫째, 감사란 타인으로부터 도움을 받음으로써 경험하게 되는 긍정적인 정서 상태다. 감사의 마음을 느낄 때에는 그 마음이 향하는 대상이 있기 마련이며, 때로는 그 상대가 사람이 아닐 수도 있다. 사람이든 상황이든 아니면 다른 무엇이든 감사란 자신이 아닌 다른 대상과의 '상호작용'의 맥락에서 발생한다.

둘째, 감사는 호의를 베푼 사람의 긍정적인 의도를 '인식'할 때 경험하게 되는 공감의 정서다. 나를 향한 타인의 이타적 노력이 있음에도 불구하고 그것을 인식할 수 없다면 감사라는 정서는 경험되지 않는다. 다른 사람, 혹은 어떤 사건이나 환경이 자신의 삶에 긍정적인 영향을 준 것에 대해 인식할 수 있어야 비로소 감사의 정서를 경험할 수 있다.

셋째, 감사는 '개인의 기본 성향'으로 사람의 내면에서 비교적 지속적이고 안정적으로 경험된다. 감사의 성향이 높은 사람은 타인의 호의에 고마움을 잘 느끼는 경향이 있다. 이들은 다른 사람의 도움을 인식하고 반응하는 역치가 낮아서 감사할 거리가 없는 것처럼 보일 때조차 감사를 경험할 수 있다. 또한 사소한 일에 대해서도 타인의 도움을 인식하고 고마운 마음으로 반응하기 때문에 우호적인 사회적 유대를 형성할 뿐만 아니라 주변 사람들의 협력을 보다 수월하게 이끌어내는 분위기를 만든다.

감사하면 달라지는 것들

감사의 정서를 경험하는 것이 행복을 증진시키는 효과가 있다는 것은 이미 많은 연구들에서 반복적으로 확인된 결과다. 감사는 행복을 증가시킬 뿐 아니라 우울, 불안, 스트레스와 같은 부정정서들을 줄이는 데에도 도움이 된다. 행복에 대한 감사의 효과가 진부하게 들릴 수도 있지만 행복을 증진시키기에 감사의 경험보다 간편한 방법을 찾기란 쉽지 않다.

감사는 대인관계에도 중요하다. 감사하는 마음을 표현할수록 대인관계가 원활해지는 것은 자연스러운 일이다. 연인이나 친구들 간에도 고마움을 자주 표현할수록 관계가 돈독해지고 정서적 지지가 더욱 깊어진다. 감사의 표현은 상대방뿐 아니라 자기 자신에게도 긍정적인 영향을 주며, 나아가 선의의 제공자에게 일종의 긍정적인 강화로 작용하여 추후 이타적 행동을 증가시키는 계기가 될 수도 있다.

감사는 자기 중심적 태도에서 벗어나 주변으로 시선을 돌려야만 경험할 수 있는 정서 상태이므로 우리의 주의와 관심의 폭을 확장시켜준다. 그리고 부정적으로 기울어져 있던 관심을 긍정적으로 돌려주고 불행의 늪에 고여 있던 나쁜 감정들을 환기시켜준다. 이렇듯 감사는 부정적인 심리 상태를 완충하는 기능과 동시에 우리의 행복과 삶의 질을 향상시키는 데 크게 기여한다.

감사하는 마음은 어떻게 측정할까?

안녕지수 조사에서는 개인의 감사 성향을 측정하기 위해서 맥컬러프McCullough와 그의 동료들이 개발한 감사 척도 6개 문항을 사용했다. 조사 참여자들은 다음 6개 문항에 대해 1점(전혀 그렇지 않다)부터 7점(매우 그렇다) 사이에서 응답했다.

> **감사 성향 측정 문항**
>
> 1 내 삶에는 감사할 거리들이 매우 많다.
> 2 감사한 일들의 목록을 적는다면 매우 길 것이다.
> 3 이 세상에는 내가 감사할 것들이 별로 없다.*
> 4 나는 평소 여러 사람들에게 고마움을 느낀다.
> 5 나이가 들수록 내 삶에 더욱 감사를 느낀다.
> 6 지금까지 만난 사람이나 상황에 고마웠던 적이 별로 없다.*
>
> *표시 문항은 점수가 낮을수록 감사 성향이 높다고 본다.

우울한 사람의 시선은 자신을 향하고,
감사하는 사람의 시선은 타인을 향한다。

한국인은 얼마나 감사하며 살고 있을까?

대한민국의 감사 수준

○
감사 조사에는 총 60,682명이 참여했다. 성별로는 여성 응답자(82%)가 남성 응답자(18%)보다 5배 가까이 많았으며, 연령대별로는 10~30대 연령층이 약 86% 정도로 압도적으로 많이 참여했다.

한국인의 감사 평균 점수는 7점 만점에 5.02점으로 나타났다. 점수대별 분포를 살펴보면, 5점대 이상에 응답자의 55.1%가 분포하고 있었고, 이 중 5.8%는 7점 만점을 기록하여 최상의 감사 수준을 보여주었다. 반면에 중간 값인 4점보다 낮은 3점대 이하에 17.3%가 분포하고 있었다. 이는 한국인들이 비교적 감사를 자주 경험하고 있음을 시사한다. 그러나 전혀 감사를 경험하지 못하는 사람들(1점대)이 100명 중 1명이나 된다는 점은 주목할 필요가 있다.

감사하는 마음에는 남녀 차이가 없을까?
남성이 감사를 느끼고 표현하는 것을 머쓱하게 여기는 사회·문화적 경향으로 인해 한국 남성의 감사 점수가 여성보다 낮을 것이라고 예상할 수 있다. 그러나 실제로는 그렇지 않았다. 남성의 감사 점수(평균 5.08)가 여성의 점수(평균 5.01)보다 오히려 미세하게나마 더 높게 나타났다.

대한민국 감사 평균 점수 분포

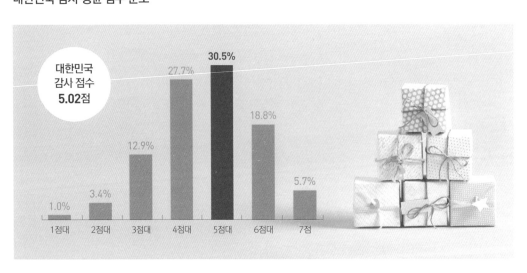

대한민국 감사 점수 **5.02점**

1.0% 1점대
3.4% 2점대
12.9% 3점대
27.7% 4점대
30.5% 5점대
18.8% 6점대
5.7% 7점

살아갈수록 감사하는 마음도 커진다

나이와 감사 사이에는 U자형 패턴이 존재하는 것으로 나타났다. 이 패턴은 남녀 모두에게서 동일했다. 10대 때 높았던 감사는 20~30대에서 하락하여 최저 수준을 보이다가 40대부터 반등하기 시작해 60대 이상에서 가장 높은 수준을 나타냈다. 나이가 들수록 행복이나 자존감이 증가하는 것처럼, 감사의 경험 역시 증가하는 것으로 보인다. 20~30대는 행복과 자존감이 가장 낮았을 뿐 아니라, 감사 경험 역시 가장 낮은 수준을 보였다. 대한민국에서 20~30대의 삶이 녹록치 않음을 다시 한번 보여준다.

성별×연령대별 감사지수 변화

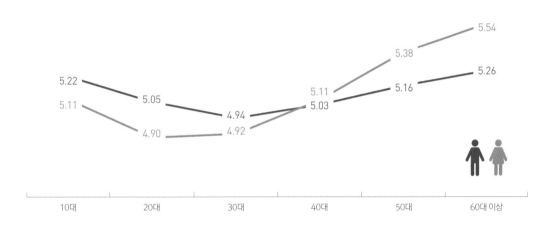

어느 지역 사람들이 가장 감사한 마음으로 살까?

지역 간 차이는 거의 없었으나 세종시의 감사 지수가 다른 모든 지역들보다 높은 것으로 나타났다. 아래 그림은 지역별 감사지수가 가장 높은 지역 5곳과 가장 낮은 지역 5곳을 나타낸 것이다.

지역별 감사지수

감사지수 낮음   감사지수 높음

더 많이
감사할수록
더 행복해진다

···
감사와 행복의 관계

○

감사는 안녕지수 총점 및 10개 문항 모두와 밀접
한 관계를 맺고 있는 것으로 나타났다. 또한 감사
와 행복 사이의 관계는 남녀에게서 거의 동일하
게 나타났으며 나이가 들수록 강해졌다.

감사할수록 정말 행복할까?

아래 그래프에서 보듯이 감사는 안녕지수 총점뿐
아니라 10개 문항 모두와 유의한 관계를 맺고 있
었다. 즉, 감사를 많이 경험하는 사람들이 삶의 만
족도와 의미가 높고, 평소에 긍정정서를 자주 경
험하며, 부정정서는 드물게 경험하는 것으로 나
타났다.

한 가지 흥미로운 점은 감사와 행복(안녕지수 총합, 삶
의 만족, 의미, 긍정 및 부정정서)의 상관계수가 0.46
~0.64로 기존 연구들의 상관계수보다 높게 나타
났다는 사실이다. 미국에서 진행된 조사에서는
0.31~0.53으로 보고되었다. 우리나라에서 감사
와 행복의 관계가 상대적으로 강하다는 점을 시
사하는 결과다.

감사와 행복의 관계에 남녀 차이가 있을까?

감사가 여성의 전유물이 아닌 것처럼 감사와 행
복 사이의 관계에서도 남녀의 차이는 나타나지
않았다. 성별에 따른 감사와 안녕지수의 상관계
수를 구해본 결과, 남성은 0.60, 여성은 0.62로
거의 차이가 없는 것으로 나타났다.

감사와 심리적 안녕감의 상관계수

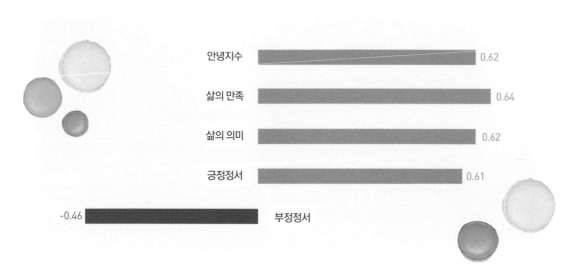

안녕지수 0.62
삶의 만족 0.64
삶의 의미 0.62
긍정정서 0.61
-0.46 부정정서

20대는 감사를 가장 덜 경험하는 시기일 뿐만 아니라, 감사 경험이 행복에 도움이 되는 정도 역시 가장 약한 시기。

행복도, 감사하는 마음도 약한 20대

앞서 언급했듯이 감사는 연령대에 따라 U자형 패턴을 보인다. 즉, 20 ~30대에 가장 낮은 수준으로 떨어졌던 감사 경험은 나이와 함께 증가하다가 60대 이상에서 가장 높은 수준에 도달한다. 그렇다면 감사가 행복에 미치는 효과 역시 나이가 들수록 증가할까?

답은 '그렇다'이다. 안녕지수를 통해 살펴본 결과, 감사와 행복의 관계는 나이와 함께 점점 강화되는 것으로 나타났다. 어느 연령대에서나 감사를 경험하는 것이 행복에 유리하지만, 그 효과의 크기는 나이가 들수록 더 커진다는 것이다.

20대에 감사와 행복의 관계가 가장 약하다는 점에 주목할 필요가 있다. 20대는 감사를 가장 덜 경험하는 시기일 뿐만 아니라, 감사 경험이 행복에 도움이 되는 정도 역시 가장 약한 시기인 셈이다. 반면에 60대는 감사의 평균 점수가 가장 강하면서 동시에 감사로 인한 행복 효과가 가장 강한 시기다. 따라서 이 두 세대가 만나면 감사의 필요성에 대한 미묘한 갈등이 생길 수도 있다.

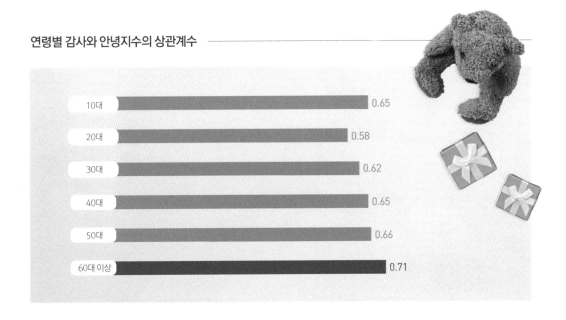

연령별 감사와 안녕지수의 상관계수

연령대	상관계수
10대	0.65
20대	0.58
30대	0.62
40대	0.65
50대	0.66
60대 이상	0.71

Social Comparison

행복은
비교할수록 줄어든다

사회비교가 행복에 미치는 영향

사회비교는 현재의 자신을 파악하려는 심리적 동기에서 비롯되며 크게 능력비교와 의견비교로 구분된다. 한국인의 사회비교지수는 어느 정도이며, 이것이 우리의 행복에 어떤 영향을 미치는지 구체적으로 살펴보자.

남과 비교해야만 나를 알 수 있을까?

인간은 자신의 의견의 적절성이나 능력 수준을 알아보기 위하여 남들과 비교한다. 심리학에서 사회비교 social comparison 라고 불리는 이 현상은 자신을 정확하게 알고자 하는 인간의 동기에서 기인한다. 객관적 기준이 있는 경우에는 객관적 기준을 통해 자신을 파악하면 되지만, 주관적인 속성의 경우에는 객관적 잣대가 없기 때문에, 사회비교가 중요한 역할을 한다.

사회비교는 어떻게 측정할까?

사회비교 성향을 측정하는 가장 보편적인 척도는 '아이오와-네덜란드 비교 성향 척도 The Iowa-Netherlands Comparison Orientation Measure '이다. 우리는 한국인의 사회비교 성향을 측정하기 위해 이 척도의 총 11개 문항 중에서 6개 문항을 선별하여 사용했다. 이 중 3개 문항은 능력비교를, 나머지 3개 문항은 의견비교를 측정하는 문항이다. 참가자들은 각 문항에 묘사된 모습에 얼마나 동의하는지를 5점 척도(1=전혀 동의하지 않는다, 5=전적으로 동의한다)에서 답했다.

사회비교 측정 문항

능력비교

1 내가 살면서 이룬 것들을 다른 사람들의 것과 비교한다.

2 종종 나와 가까운 사람들을 다른 사람들과 비교한다.

3 나는 다른 사람들과 나를 잘 비교하지 않는 편이다.

의견비교

4 나와 비슷한 문제에 처한 사람들의 생각을 알고자 한다.

5 내 상황과 비슷한 사람들이 어떻게 행동하는지 알고자 한다.

6 내가 궁금한 무언가에 대한 타인의 생각을 알고자 한다.

사회비교는 행복에 어떤 영향을 미칠까?

사회비교와 행복은 서로 어떤 관계가 있을까? 사회비교는 두 가지 방향성을 지니고 있다. 즉, 사회비교에는 자신보다 뛰어난 사람과 비교하는 상향비교, 자신보다 못한 사람과 비교하는 하향비교가 있다. 사회비교의 방향과 행복의 관계에 대해서는 비교적 명확한 견해가 존재한다. 일반적으로 상향비교는 열등감과 질투를 유발하기 때문에 행복에 부정적인 영향을 주지만, 하향비교는 우월감과 만족을 제공하기 때문에 행복에 긍정적인 영향을 준다고 알려져 있다. 물론 상향비교라 할지라도 자신을 향상시키고자 하는 동기에서 비롯되었을 때(예를 들어 자신과 롤모델과의 상향비교)는 긍정적인 영향을 주는 것으로 밝혀진 바 있다.

사회비교의 빈도와 행복의 관계는 어떨까? 평상시에 사회비교를 얼마나 자주 하는지를 측정한 선행 연구들에서는 사회비교와 행복이 약하게나마 부적(-) 상관관계를 갖는 것으로 나타났다. 즉, 습관적으로 사회비교를 많이 하는 사람들은 그렇지 않은 사람들에 비해 행복도가 낮았다. 이번 연구에서는 좀 더 다양한 연령대, 다양한 지역 거주자들을 대상으로 이 결과가 과연 유효한지를 확인하고자 했다.

사회비교의 빈도와 행복의 관계에서 한 가지 생각해볼 점은 의견비교와 능력비교의 차이다. 능력은 의견에 비해 상대적으로 객관적인 기준이 존재할 가능성이 높다. 예를 들어 축구 실력이나 수학 실력, 바이올린 연주 실력은 전문가들에 의해 객관적으로 평가될 수 있다. 따라서 능력 영역에서의 상향비교가 자기를 향상시키려는 동기가 존재하는 예외적인 경우를 제외하고는 행복에 부정적인 영향을 줄 것이라는 점이 명확하다. 반면에 의견은 옳고 그름에 대한 절대적인 기준이 없기 때문에 자신보다 뛰어나거나 그렇지 못한 의견을 가진 사람이 딱히 정해져 있지 않다. 따라서 의견비교는 능력비교에서처럼 상향비교 자체가 성립하기 어려우며, 설사 상향비교가 발생한다고 하더라도 부정적인 영향을 줄 가능성이 약하다.

결론적으로 의견비교의 빈도가 능력비교의 빈도보다는 행복과 약한 관계를 가질 것이라고 예상할 수 있다. 이 문제에 대한 선행 연구들이 많지 않은 상황에서 안녕지수 조사의 결과가 지니는 의미는 매우 크다고 할 수 있다.

비교를 많이 할수록 점점 낮아지는 행복감.
능력을 비교하는 것과 의견을 비교하는 것은
어떤 차이가 있을까?

한국인들은 얼마나 서로를 비교하며 살고 있을까?

대한민국 사회비교 수준

○
사회비교 조사에는 총 33,869명이 참여했다. 성별로는 여성 응답자(84.4%)가 남성 응답자(15.6%)보다 5배 이상 많았으며, 연령대별로는 10~30대가 84.4%로 대다수를 차지했다.

대한민국의 평균 사회비교 점수는 5점 만점에 3.38점이었다. 상위권인 4점대 사람들이 24.2%에 달했고, 심지어 모든 사회비교 문항에 전적으로 동의한다고 응답한 5점 만점의 참가자들도 2.3%나 됐다. 즉, 전체 응답자의 4분의 1 가까이가 사회비교를 많이 또는 아주 많이 하는 것으로 나타났다. 척도의 중간에 해당하는 3점대인 사람들은 46.6%로 전체 응답자의 절반 정도를 차지했다. 흥미롭게도 사회비교를 잘 하지 않는 2점대 이하의 사람들도 26.9%에 달했다.

사회비교를 하위 2개 영역으로 나누었을 때 능력비교는 3.14점이었고, 의견비교는 3.61점이었다. 이는 우리나라 사람들이 능력비교보다는 의견비교를 더 많이 한다는 점을 시사한다. 능력보다는 의견이 더 주관적이기 때문에 객관적 잣대가 존재할 가능성이 더 낮고, 따라서 남들과의 비교가 더 빈번할 것이라는 예상과 일치하는 결과다.

대한민국 사회비교 평균 점수 분포

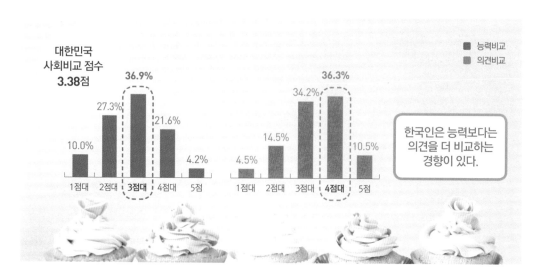

대한민국
사회비교 점수
3.38점

능력비교: 1점대 10.0%, 2점대 27.3%, **3점대 36.9%**, 4점대 21.6%, 5점 4.2%

의견비교: 1점대 4.5%, 2점대 14.5%, 3점대 34.2%, **4점대 36.3%**, 5점 10.5%

■ 능력비교
■ 의견비교

한국인은 능력보다는 의견을 더 비교하는 경향이 있다.

사회비교 점수 분포를 능력비교와 의견비교로 구분하여 살펴보면 매우 중요한 사실 하나를 발견할 수 있다. 두 비교에서 3점대 응답자들의 비중은 각각 36.9%와 34.2%로 비슷했다. 그러나 사회비교를 많이 하는 4점 이상 응답자의 비중은 능력비교의 경우 25.8%였던 반면, 의견비교의 경우 46.8%나 되었다. 이와 달리 사회비교를 많이 하지 않는 3점 미만의 비중은 능력비교의 경우 37.3%였던 반면, 의견비교의 경우 19%에 그쳤다. 이는 우리나라 사람들이 능력비교보다는 의견비교를 더 많이 한다는 점을 확인시켜주는 결과다.

남자와 여자, 누가 더 많이 비교할까?
사회비교 점수에서 남녀의 차이는 크지 않았다(남자 3.31, 여자 3.39). 비록 통계적으로는 의미 있는 차이였지만 표본의 규모가 커서 나타난 결과라고 해석할 수 있다. 사회비교를 능력비교(남자 3.03, 여자 3.16)와 의견비교(남자 3.59, 여자 3.62)로 구분했을 때도 동일한 패턴이 나타났다. 따라서 사회비교를 하는 경향성에 있어 남녀의 차이는 크지 않다고 할 수 있다.

나이 들수록 나 자신과 남을 비교하지 않는다
사회비교에서 연령대별 차이는 어떨까? 사회비교의 주목적이 자신에 대한 불확실성을 해소하기 위한 것인 만큼 자신에 대한 불확실성이 큰 젊은이들은 사회비교를 많이 하고, 자기 정체성이 분명하게 정

연령대별 사회비교지수 변화

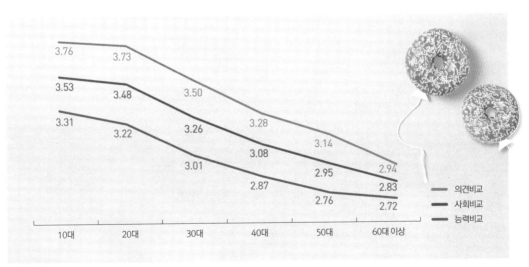

립된 노년층은 상대적으로 사회비교를 덜 하지 않을까?

우리의 예상과 일치하게 사회비교의 경향성은 나이가 들수록 선
형적으로 감소했다. 연령대와 사회비교 전체 점수와의 상관계수는
-.22, 능력비교와는 -.17, 의견비교와는 -.20의 부적 상관을 보였다.
나이가 들수록 자신과 남을 비교하는 경향성이 줄어든다는 점이 매
우 흥미롭다. 10~20대에게서 사회비교 경향이 유독 강하다는 점도
눈여겨봐야 할 대목이다.

사람은 왜 나이가 들수록 남들과의 비교를 덜하게 되는 것일까? 다
양한 원인이 있겠지만 우선 다음의 두 가지 해석이 가능하다.

첫째, 나이가 들수록 자신이 누구이며 어떤 사람인지를 분명히 알게
되기 때문에 사회비교의 필요성이 줄어든다. 자신을 확증함에 있어
타인의 인정이 필요하지 않다는 점을 깨닫기 때문에 나이가 들수록
타인과의 비교가 무의미해진다고 할 수 있다.

둘째, 나이가 들수록 비교 대상 자체가 줄어들기 때문에 사회비교가
줄어든다고 할 수 있다. 나이가 들수록 사회적 관계망의 크기는 줄어
들기 마련이다. 노년층에 접어들수록 소수의 친밀한 사람들만 만나
는 등 사회적 관계망을 자발적으로 축소하기도 하고, 질병이나 죽음
으로 인해 불가항력적으로 관계망이 줄기도 한다. 따라서 사회비교
의 빈도 역시 자연히 줄어들 수밖에 없다.

그렇다면 나이가 들수록 남들과 비교하는 경향이 감소하는 것에는
남녀의 차이가 존재할까? 그렇지 않다. 오른쪽 그래프에서 확인할
수 있듯이 나이가 들수록 사회비교 경향성이 감소하는 패턴은 남녀
모두에게서 동일하게 나타났다.

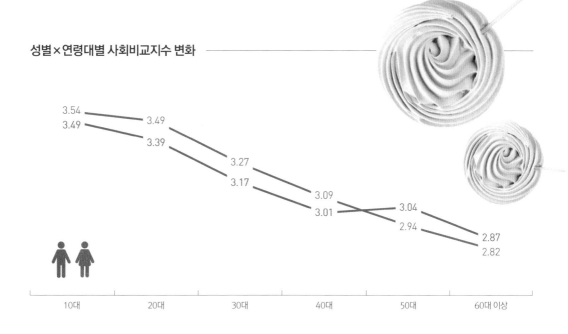

성별×연령대별 사회비교지수 변화

3.54
3.49
3.49
3.39
3.27
3.17
3.09
3.01
3.04
2.94
2.87
2.82

10대 20대 30대 40대 50대 60대 이상

나이가 들수록 사회비교 경향성이 감소하는 패턴은
남녀 모두에게서 동일하게 나타난다.

어느 지역 사람들이 사회비교를 많이 할까?

개인주의 문화권에 속한 사람들은 자신의 개인적 특성으로 자기를 규정짓는 경향이 있다. 반면에 집합주의 문화권의 사람들은 다른 사람과의 관계 속에서 자기를 규정짓는 경향이 있다. 그런 면에서 집합주의 문화권의 사람들은 다른 사람들의 생각이나 감정, 행동 등에 보다 민감할 것이고, 그로 인해 사회비교의 경향성도 강할 것이라고 예측해볼 수 있다.

유럽계 캐나다인과 아시아계 캐나다인의 사회비교 추구 경향을 탐구한 선행 연구는 이러한 예측이 빗나가지 않았음을 보여준다. 즉, 아시아계 캐나다인이 유럽계 캐나다인보다 사회비교를 더 많이 하는 것으로 나타났다. 이 점을 고려할 때 국내에서도 사회비교의 지역별 차이도 존재할 가능성이 있다. 예를 들어 비교적 개인주의적인 도시 사람은 사회비교를 적게 하는 반면에 집단주의 문화가 강한 농촌 지역 사람은 사회비교를 더 많이 할 수도 있다. 물론 경쟁이 치열한 대도시 거주민이 남들과의 비교를 더 많이 할 가능성도 배제하기는 어렵다.

이를 알아보기 위해 응답자들의 거주 지역을 17개 광역시도로 구분한 뒤 지역별로 사회비교의 평균을 비교해보았다. 분석 결과 지역별 차이가 통계적으로 유의하게 나타났다. 실제로 사회비교 점수가 가장 컸던 대전(3.46)과 가장 적었던 부산, 경상북도, 전라남도(3.34)의 차이는 0.12에 불과했다. 전체 패턴을 살펴보았을 때에도 서울 등 대도시의 사회비교가 지방 지역보다 높거나 낮은 패턴은 발견되지 않았다. 응답자들을 남녀로 구분하여 조사했을 때도 사회비교의 지역별 차이에는 크게 주목할 만한 점이 없었다. 다만, 충청권의 사회비교 점수가 높다는 점이 흥미롭다.

지역별 사회비교지수

| 부산 3.34 | 경북 3.34 | 전남 3.34 | 서울 3.37 | 전북 3.37 | 평균 3.38 | 대구 3.41 | 세종시 3.41 | 충남 3.42 | 충북 3.42 | 대전 3.46 |

사회비교지수 낮음   사회비교지수 높음

사회비교를
많이 하면
과연 덜 행복할까?

································

사회비교와 행복의 관계

○

남들과 비교를 많이 하는 사람일수록 삶에 대한
만족감이나 삶의 의미를 덜 경험하는 것으로 조
사되었다. 또한 나이가 들수록 사회비교의 빈도
는 줄어드는 대신 그 영향력은 커지는 것으로 나
타났다.

사회비교의 경향성과 행복 사이에 부적인 관계가
있다는 점은 선행 연구에서 밝혀진 바 있다. 그런
데 과연 그 패턴이 본 조사에서도 발견되는지, 또
한 남녀 차이나 연령 차이는 없는지에 대해서도
알아볼 필요가 있었다. 분석 결과는 다음과 같다.

첫째, 기존 연구 결과와 일치하게 사회비교 경향
성과 행복 사이에는 부적인 관계가 있었다. 그 관
계는 안녕지수 총점에서뿐만 아니라 안녕지수를
구성하는 모든 하위 문항에서도 일관되게 발견되
었다. 다시 말해 남들과 비교를 많이 하는 사람일
수록 자기 삶에 대한 만족감이 낮고, 삶의 의미를
발견하지 못하며, 일상에서도 긍정적인 정서는
덜 경험하고 부정적인 정서를 더 경험하는 것으
로 나타났다.

둘째, 의견비교보다는 능력비교가 행복과 더 강한
관계를 맺고 있었다. 의견비교는 오직 부정정서
의 경험에만 관계할 뿐 나머지 요소들인 삶의 만
족, 의미, 긍정정서와는 유의한 관계를 보이지 않
았다. 우리는 앞서 사람들이 능력비교보다는 의
견비교를 더 많이 한다는 점을 살펴보았다. 평균
값 자체에서는 의견비교가 능력비교보다 크게 나
타났지만, 행복에 미치는 영향력에서는 능력비교
가 훨씬 크게 나타난 점이 주목할 만하다.

서두에 언급된 선행 연구의 결과들을 고려해보면 안녕지수 조사를 통해 밝혀진 사회비교와 행복의 관계
는 기존의 연구들이 찾아낸 것과 일치한다. 즉 사회비교를 많이 하는 사람들일수록 덜 행복하다. 본 조사
가 밝혀낸 새로운 사실은 행복에 미치는 부정적 영향의 크기가 의견비교보다는 능력비교가 크다는 점이
었다.

사회비교를 많이 할수록,
특히 능력비교를 많이 할수록 행복감이
더 낮아진다。

사회비교가 행복에 미치는 힘은 남녀 어느 쪽에 더 클까?

사회비교와 행복의 관계가 성별에 따라 달라지는지를 살펴보았다. 먼저 사회비교 전체 경향성이 안녕지수, 삶의 만족, 삶의 의미, 긍정 정서, 부정정서 등과 어떤 관계인지를 살펴보았을 때 부정정서의 경우를 제외하고는 사회비교와 행복의 상관이 여성에게서 더 강하게 나타났다. 즉, 비교가 행복에 미치는 힘이 여성에게서 더 강하게 나타났다.

사회비교를 능력비교와 의견비교로 나눠보았을 때에는 안녕지수, 삶의 만족, 삶의 의미, 긍정정서, 부정정서 모두 여자에게서 능력비교와의 상관이 더 크게 나타났다. 반면 의견비교의 경우 행복과의 관계에서 남녀 차이가 보이지 않았다.

성별에 따라 달라지는 사회비교와 행복의 상관계수

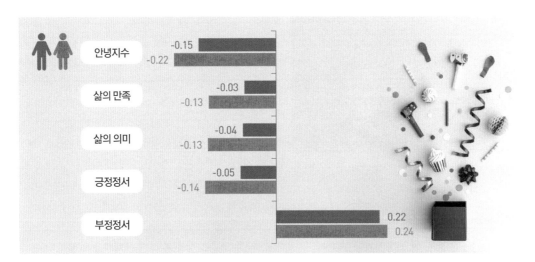

능력비교/의견비교와 안녕지수의 상관계수

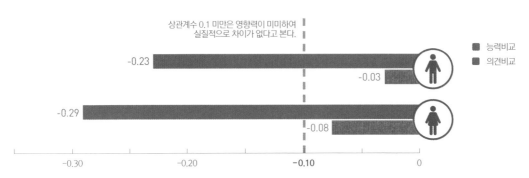

사회비교와 행복의 관계는 나이에 따라 달라질까?

사회비교와 행복의 관계가 나이에 따라 달라지는지를 살펴보았다. 사회비교 경향성과 안녕지수와의 상관관계는 나이가 들수록 강해졌다. 다시 말해 사회비교를 하면 행복이 떨어지는 정도가 나이 든 사람들에게서 더 강하게 나타났다. 이는 부정정서에서 매우 뚜렷하게 나타났다. 즉, 사회비교 자체는 나이가 들면 줄어들지만, 그것이 미치는 부정적인 영향력은 나이와 함께 오히려 증가했다.

사회비교를 능력비교와 의견비교로 구분했을 때에는 다소 다른 패턴이 나타났다. 능력비교의 경우 연령대가 증가한다고 해서 안녕지수와의 관계의 정도가 달라지지 않았다. 반면 의견비교의 경우에는 안녕지수 총점뿐 아니라 모든 하위 지표와의 관계가 나이가 들수록 더 강해졌다.

종합해보면 남들과 자신을 비교하는 경향성은 나이가 들면 약해지지만, 남들과 비교하면 행복이 떨어지는 정도는 나이가 들수록 강해졌다. 나이가 들수록 자신을 남들과 비교하지 않는 것이 중요해진다는 점을 보여주는 중요한 결과다.

청년층보다 노년층이 사회비교에 더 취약하다.
나이가 들수록 사회비교를 적게 하지만
사회비교의 부정적 힘은 더 강해진다。

연령에 따라 달라지는 사회비교와 행복의 상관계수

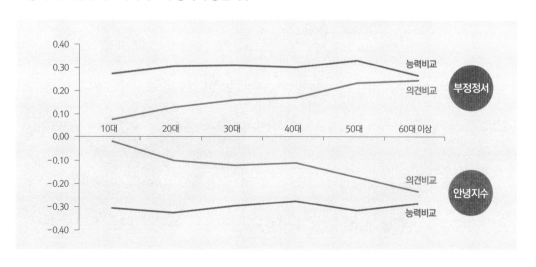

Social Support

외로움은
행복의 적이다

사회적 지지가 행복에 미치는 영향

타인으로부터의 관심과 사랑, 인정과 존중을 얼마나 자주 느끼며 사는지에 따라 사회적 지지의 수준이 달라진다. 한국인은 평소에 사회적 지지를 얼마나 자주 경험하며 살고 있는지, 그리고 성별, 연령별, 지역별로 사회적 지지의 차이가 어떻게 나타나는지 알아보았다. 또한 사회적 지지와 행복 간에 어느 정도의 관련이 있는지도 살펴보았다.

"아빠하고 백두대간 종주했던 거 기억나? 아빠가 더는 못 가겠다고 했을 때 너가 그랬잖아. 이 고비만 넘자고. 절대 포기하지 말자고. 기억나? 우주야, 이거 인생의 고비야. 이 고비 우리 넘자. 엄마랑 아빠랑 우리 같이 넘자."

– 드라마 〈SKY 캐슬〉 대사 중에서

2019년 방영된 JTBC 드라마 〈SKY 캐슬〉에서 살인 누명을 쓰고 감옥에 갇힌 고등학생 아들에게 부모가 울면서 한 말이다. 현재의 모습과 상관없이 아들을 지지하고 사랑하며 언제나 곁에 있어주겠다는 메시지가 이 대사의 핵심이다.

인간은 누군가로부터 사랑받고자 하는 강렬한 욕구를 지니고 있다. 인간은 가족, 친구, 연인과 같은 중요한 타인들과 함께 '우리'를 이루며 살아가는 사회적 존재다. 그들과 주고받는 사회적 지지는 생존과 행복을 위해 반드시 필요한 요소다.

심리학에서는 '지각된 사회적 지지 perceived social support'라는 개념을 중요하게 여긴다. 지각된 사회적 지지란 내가 주변 사람들로부터 얼마나 관심과 사랑을 받고 있다고 느끼는지, 또 얼마나 인정받고 존중받는다고 느끼는지, 그리고 힘든 시기에 감정적으로 의지할 수 있고 위로가 되는 사람들이 있다고 느끼는지를 가리키는 말이다. 사회적 지지는 단순히 가족 구성원의 숫자나 친구의 숫자와는 다른 개념이다.

힘들 때 나를 믿어주고
응원해줄 사람이
있다는 것,
사회적 지지는
험난한 세상을
살아가기 위한
필수 요소다.

사회적 지지는 어떻게 측정할까?

한국인들은 평소에 얼마나 사회적 지지를 받는다고 느끼며 살아갈까? 이 질문에 대한 조사를 위해 우리는 미국의 임상심리학자 그레고리 지맷 Gregory Zimet 이 개발한 '지각된 사회적 지지 척도'를 사용했다. 가족, 친구, 특별한 사람 등으로부터 얼마나 정서적인 도움과 지지를 받고 있다고 느끼는지를 측정하기 위한 12개의 문항은 다음과 같다. 응답자들은 12개 문항에 대해 7점 척도(1=전혀 그렇지 않다, 7=매우 그렇다)로 답했다.

지각된 사회적 지지 측정 문항

1 내가 필요할 때 항상 옆에 있어주는 특별한 사람이 있다.

2 나의 기쁨과 슬픔을 나눌 수 있는 특별한 사람이 있다.

3 나의 가족은 정말 나를 도우려 노력한다.

4 가족으로부터 내가 필요한 감정적 도움이나 지지를 받는다.

5 나에게 진정한 위로가 되는 특별한 사람이 있다.

6 나의 친구들은 진심으로 나를 도우려 한다.

7 문제가 생겼을 때 나는 친구들을 의지할 수 있다.

8 나의 문제에 대해서 나는 가족과 의논할 수 있다.

9 나의 기쁨과 슬픔을 나눌 수 있는 친구들이 있다.

10 나의 감정에 신경을 써주는 아주 특별한 사람이 있다.

11 나의 가족은 내가 결정을 내릴 때 도움을 주고자 한다.

12 나의 문제에 대해서 나는 친구들과 의논할 수 있다.

사회적 지지는 행복에 어떤 영향을 줄까?

사회적 지지가 우리의 인생에 실질적으로 미치는 영향은 무엇일까? 심리학 연구에 따르면 사회적 지지는 인생에서 발생하는 여러 형태의 스트레스와 충격으로부터 우리를 보호해주는 이른바 '충격 완화 장치' 역할을 한다. 이는 마치 외부 충격으로부터 스마트폰을 보호하기 위해 장착된 보호 케이스와 같다.

사회적 지지는 인간의 신체적 면역력과 정서적 건강과도 밀접한 관련이 있다. 미국 카네기멜론대학 셸던 코헨 Sheldon Cohen 교수의 연구에 따르면, 사회적 지지는 감기 바이러스에 대한 저항력과 연관이 있다. 연구팀은 276명의 건강한 자원자들을 감기 바이러스에 노출시킨 뒤 매일매일 이들의 신체 변화를 모니터링했다. 그 결과 가족, 배우자, 친구, 친한 이웃, 직장 동료, 학교 친구, 종교나 봉사 단체 동료 등 다양한 종류의 사회적 관계로부터 지지를 받는 사람들이 그렇지 않은 사람들에 비해 감기 바이러스에 더 잘 대항하는 것으로 나타났다.

사회적 관계가 중요한 까닭은 그것을 통해 사람들의 행복이 퍼져나간다는 특성을 갖고 있기 때문이다. 미국 캘리포니아 샌디에고대학 제임스 파울러 James Fowler 교수와 하버드대학 니콜라스 크리스타키스 Nicholas Christakis 교수의 연구에 따르면 가족이나 친구처럼 직접적으로 아는 사람이 행복한 사람일 경우, 자신도 행복할 확률이 15.3% 더 높아진다. 친구의 친구처럼 두 단계 건너의 사람이 행복할 경우에 자신이 행복할 확률은 9.8%, 세 단계 건너의 사람이 행복할 경우는 5.6% 더 증가한다.

이 연구에 소개된 아래 그림을 보면 행복한 사람(노란색 점)은 행복한 사람들끼리 무리를 이루고 있고, 불행한 사람(파란색 점)은 불행한 사람끼리 무리를 이루고 있음을 알 수 있다. 맨 끝에 위치해 있는 다수의 파란색 점들은 불행한 사람일수록 사회적 관계의 끝에 위치하고 있으며, 그 주변에 사람들이 없다는 것을 의미한다.

가족이나 친구가 행복하면 자신이 행복할 확률도 15.3% 높아진다.

사회적 연결망과 행복

출처: Fowler & Christakis (2008)

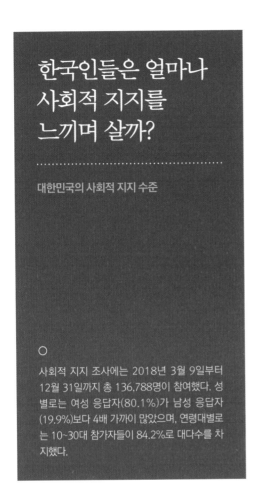

한국인들은 얼마나 사회적 지지를 느끼며 살까?

대한민국의 사회적 지지 수준

○

사회적 지지 조사에는 2018년 3월 9일부터 12월 31일까지 총 136,788명이 참여했다. 성별로는 여성 응답자(80.1%)가 남성 응답자(19.9%)보다 4배 가까이 많았으며, 연령대별로는 10~30대 참가자들이 84.2%로 대다수를 차지했다.

한국인의 전체 사회적 지지 점수를 분석한 결과 평균 점수는 7점 만점에 4.88점이었다. 점수대별 분포를 살펴보면 5점 이상인 응답자가 52.2%였고, 3점 이하의 응답자는 22.9%였다. 사회적 지지가 매우 부족하다고 스스로 응답한 2점 이하의 사람들도 약 10%에 달한 것으로 나타나 전반적으로 우리 사회에서 사회적 관계로부터 단절된 사람들의 비율이 무시하기 어려운 수준임을 알 수 있다.

남자와 여자, 누가 더 사회적 지지를 받고 있을까?

성별에 따른 사회적 지지 점수를 분석해본 결과, 남성(4.99)이 여성(4.85)에 비해 더 높은 점수를 보고했다. 이러한 현상은 50대를 제외한 모든 연령대에서 공통적으로 나타났다. 특히 10~20대 남성은 5점이 넘는 사회적 지지 점수를 나타냈지만, 여성의 경우 어느 연령대에서도 5점이 넘는 경우는 없었다.

대한민국 사회적 지지 점수 분포

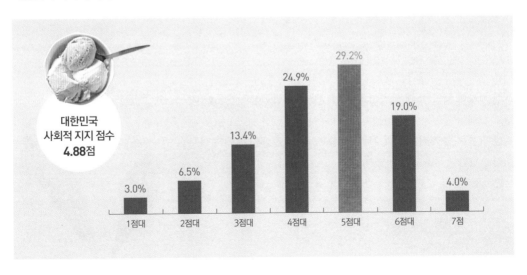

대한민국
사회적 지지 점수
4.88점

1점대	2점대	3점대	4점대	5점대	6점대	7점
3.0%	6.5%	13.4%	24.9%	29.2%	19.0%	4.0%

여성이 남성에 비해 더 관계지향적이라는 사실에 비추어보면 다소 의아한 결과다. 이것이 실제로 남녀 간에 사회적 지지의 수준이 달라서 발생한 결과인지, 아니면 사회적 지지에 대한 남녀의 기준이 달라서 발생한 결과인지는 알 수 없다. 다만 기존 예상과 달리 사회적 지지를 받고 있다고 느끼는 경향성이 여성보다 남성에게서 크다는 점은 놀라운 발견이라고 할 수 있다.

사회적 지지는 나이가 들수록 감소할까?

나이가 들어감에 따라 안녕지수가 높아진다는 점을 감안했을 때 연령에 따른 사회적 지지가 어떻게 나타나는지에 대해서도 관심을 가져볼 필요가 있다. 조사 결과 한국인은 남녀 모두 나이가 들수록 사회적 지지를 적게 느끼는 것으로 나타났다. **쉽게 말해 나이가 들수록 외로움을 더 많이 느낀다는 것이다.**

통계청이 발표한 '2018년 고령자 통계'에 따르면 우리나라 생산가능 인구 100명이 부양해야 하는 고령인구가 2018년 기준 19.6명에서 2040년에는 58.2명으로 급증할 것으로 전망된다. 이처럼 만 65세 이상 인구가 급격히 늘어나는 상황에서 나이가 늘어날수록 사회적 지지가 감소하는 패턴을 보인다는 것은 노년층의 고독이 향후 우리 사회의 핵심 문제가 될 것임을 시사한다.

미국 시카고 러시대학교 로버트 윌슨Robert Wilson 교수의 연구에 따르면 외로운 노인이 외롭지 않은 노인보다 알츠하이머병에 걸릴 위험이 2배 더 높다. 또한 홍콩 중문대학교의 챈Ying-Keung Chan 교수는 노인의 행복이 수입, 성별, 교육 수준 같은 요소들보다 사회적 관계망의 넓이와 사회적 지지의 크기에 의해 좌우된다고 보고한 바 있다.

기존 연구들과 안녕지수 조사를 통해 나타난 결과들은 노령인구에 대한 재정적 지원 및 건강 지원과 함께 사회적 관계망을 제공하는 정책적 노력이 절실하다는 점을 시사한다. 또한 개인적으로도 노후 대책을 위한 재정 계획과 함께 가족 및 친구들과의 관계를 돈독히 하는 노력이 얼마나 중요한지를 보여준다.

성별×연령대별 사회적 지지 점수 변화

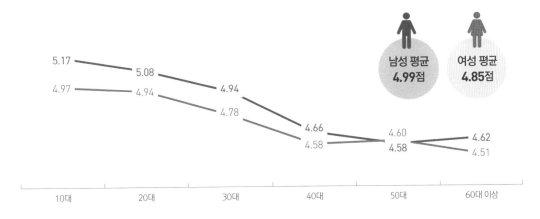

남성 평균
4.99점

여성 평균
4.85점

5.17
5.08
4.94
4.66
4.60
4.62

4.97
4.94
4.78
4.58
4.58
4.51

10대　　20대　　30대　　40대　　50대　　60대 이상

사회적 지지는 지역에 따라 차이가 있을까?

그렇다면 지역별로는 사회적 지지는 어떤 차이를 보일까? 분석 결과 우리나라의 사회적 지지는 지역 간에 미미한 정도의 차이만 보이는 것으로 나타났다. 다만 서울과 광역시의 사회적 지지 수준이 지방보다 높게 나타났다는 점이 눈에 띈다. 세종시의 경우 다른 모든 항목에서와 마찬가지로 사회적 지지에서도 최상위권을 차지한 반면 해외 거주 한국인들이 느끼는 사회적 지지는 매우 낮은 편이었다. 가족과 친구들이 살고 있는 한국과 달리 해외에서의 생활은 사회적 보호막이 상대적으로 취약하고 위로와 힘을 받을 수 있는 관계가 적다는 것을 짐작할 수 있는 대목이다.

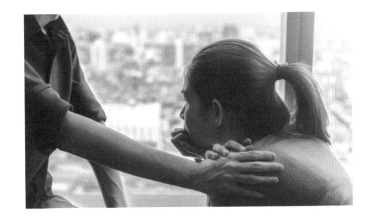

한편 남녀 간에 느끼는 사회적 지지의 차이가 지역별로는 어떻게 다른지에 대해서도 추가적으로 알아보았다. 그 결과 제주도를 제외한 모든 지역에서 남성이 여성보다 더 높은 사회적 지지를 느끼는 것으로 나타났다. 그중 사회적 지지의 남녀 차이가 가장 큰 지역은 강원도로, 남성이 여성에 비해 더 높은 사회적 지지를 받는 것으로 나타났다. 반면 서울과 충청도는 남성과 여성의 사회적 지지 차이가 가장 적은 지역이었다. 흥미로운 것은 해외 거주 한국인의 경우 여성이 남성보다 더 높은 사회적 지지를 받고 있다고 느낀다는 사실이다. 국내 대부분의 지역에서 남성이 여성보다 더 높은 사회적 지지를 느끼며 산다는 것과는 사뭇 대조를 이루는 대목이다. 앞에서 해외 거주 여성의 행복감이 남성의 행복감보다 높게 나타난 것과 일치하는 결과이기도 하다.

지역별 사회적 지지 점수 비교

| 해외 4.76 | 제주 4.78 | 전남 4.78 | 광주 4.80 | 전북 4.80 | 평균 4.88 | 경기 4.88 | 대전 4.89 | 부산 4.90 | 세종시 4.92 | 서울 4.93 |

사회적 지지 낮음   사회적 지지 높음

지역별×성별 사회적 지지 점수 차이

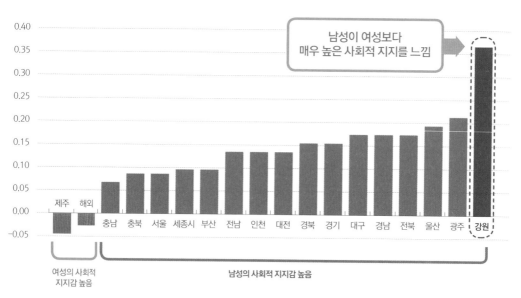

남성이 여성보다
매우 높은 사회적 지지를 느낌

여성의 사회적
지지감 높음   남성의 사회적 지지감 높음

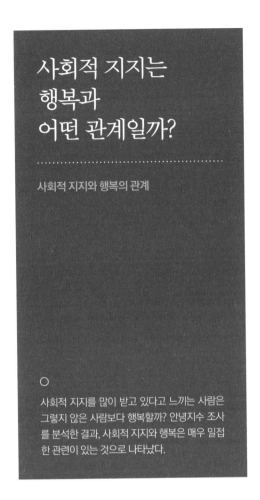

사회적 지지는 행복과 어떤 관계일까?

....

사회적 지지와 행복의 관계

○

사회적 지지를 많이 받고 있다고 느끼는 사람은 그렇지 않은 사람보다 행복할까? 안녕지수 조사를 분석한 결과, 사회적 지지와 행복은 매우 밀접한 관련이 있는 것으로 나타났다.

사회적 지지가 높은 사람은 삶의 만족도가 높고 삶의 의미를 강하게 경험하며, 평소 즐거움과 평안함 등의 긍정정서도 많이 경험하는 것으로 나타났다. 반면 스트레스를 비롯하여 지루함, 짜증, 우울, 불안 등의 부정정서는 적게 경험하는 것으로 나타났다. 흥미로운 것은 사회적 지지가 부정정서보다는 긍정정서와 더 높은 관련이 있다는 점이다. 이는 사회적 지지가 부정적인 경험을 완화시켜주는 기능보다 긍정적인 경험을 강화시켜주는 기능이 더 강하다는 점을 시사한다. '기쁨을 나누면 두 배가 되고 슬픔을 나누면 절반이 된다'는 말도 있지만 실제로 '기쁨을 나누면 세 배'쯤 되는 것으로 보인다.

> 사회적 지지는 부정적인 경험을 완화시켜주는 기능보다 긍정적인 경험을 강화시켜주는 기능이 더 강하다.

사회적 지지와 행복의 상관계수

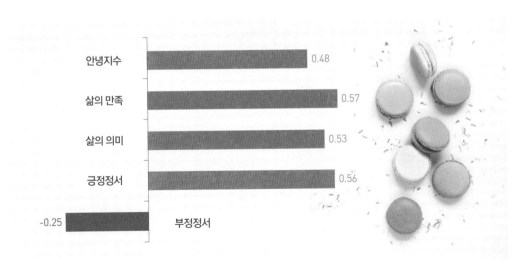

안녕지수	0.48
삶의 만족	0.57
삶의 의미	0.53
긍정정서	0.56
부정정서	-0.25

사회적 지지가 행복에 미치는 힘은 성별을 가리지 않을까?

사회적 지지는 남자의 행복에 더 중요할까, 여자의 행복에 더 중요할까? 다음 그래프에서 확인할 수 있듯이 사회적 지지와 행복의 관계는 거의 모든 연령대에서 남성보다 여성에게서 더 강한 것으로 나타났다. 이는 타인에게서 사랑과 지지를 받고 있다고 느끼는 정도가 남자보다 여자의 행복에 더 중요하게 작용한다는 점을 의미한다.

사회적 지지와 행복의 관계를 연령대별로 살펴본 결과, 뚜렷한 패턴은 없었으나 남녀 모두 10대에서 사회적 지지와 행복의 관계가 가장 강하게 나타난 점은 주목할 만하다. 이는 이 시기에 따돌림과 같은 관계의 문제를 해결하는 것이 청소년들의 행복에 매우 중요하다는 점을 시사하는 결과다.

성별에 따라 달라지는 사회적 지지와 안녕지수의 상관계수

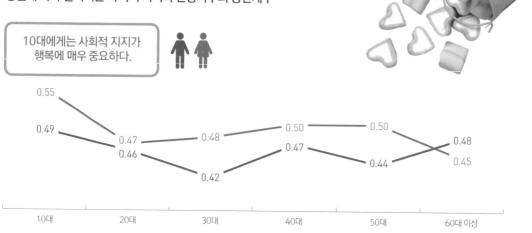

10대에게는 사회적 지지가 행복에 매우 중요하다.

	10대	20대	30대	40대	50대	60대 이상
	0.55	0.47	0.48	0.50	0.50	0.48
	0.49	0.46	0.42	0.47	0.44	0.45

남녀 모두 10대에게서 사회적 지지와
행복의 관계가 가장 강한 것으로 나타났다。

한국인의 행복 지도를 그려보다

한국인의 행복은 하나의 숫자로 요약할 수 없는 매우 다양하고 복잡한 모습을 지니고 있었다. 지역별·세대별·성별로 미묘하면서도 뚜렷한 차이를 나타냈고, 정치·경제·사회적으로 큰 이슈들이 생길 때마다 역동적으로 변화하기도 했다. 그렇게 요동친 행복은 금세 다시 제자리로 돌아오는 안정성을 보였다. 2018년 한국인의 행복 지도에서 특별히 주목할 만한 점들을 추려보면 다음과 같다.

1. 2030세대의 행복에 신경 써라

2030세대는 정말 아픈 청춘이라 할 만했다. 전 연령대를 비교한 결과, 2030세대의 행복이 가장 낮았다. 행복감만 낮은 것이 아니었다. 자존감 수준도 최저였다. 그들은 감사도 잘 경험하지 못했으며, 물질주의 수준은 최고를 기록했다. 성격적으로도 가장 불안했고, 사람들을 대할 때도 가장 까칠한 그룹이었다.

부모 세대가 까칠한 그들을 이해해주었으면 좋겠다. 불안한 그들의 마음을 야단치기보다는 보듬어주고 기다려주면 좋겠다. 아울러 2030세대 본인들도 현재의 불안과 불만이 세월과 함께 나아질 것이라는 기대를 가져야 한다.

자신의 불안정한 마음 상태가 오로지 자신의 탓이라고 자책하기보다는 대한민국 2030세대의 공통적인 특징이라고 생각하는 것이 좋겠다.

기업과 정부는 2030세대의 행복에 각별한 관심을 가져야 할 것이다. 취업, 결혼, 외모, 학벌 등 그들을 불안하게 하는 요인들을 자세하게 들여다보고 정책을 세우길 제안한다. 대한민국의 전체 행복 수준을 올리는 길은 그들의 행복 수준을 올리는 것임을 행복 지도는 분명히 보여준다.

2. 노년기의 외로움을 관리하라

연령별 행복 지도에서 발견한 기분 좋은 반전은 행복이 나이와 함께 감소하는 것이 아니라 40대 이후부터 반등한다는 사실이었다. 나이가 든다는 것이 모든 것이 쇠퇴하는 현상처럼 보일 수 있다. 그러나 행복 지도는 우리의 내면은 나이와 함께 오히려 더 견고해진다는 점을 보여준다. 나이와 함께 자존감이 상승했으며, 세상에 감사할 일들도 증가했다. 뿐만 아니라 자신과 남을 비교하는 습관도 사라졌다. 행복이 반등하기 시작한 것이다.

그러나 한 가지 걱정스러운 점은 나이와 함께 외로움이 커진다는 점이다. 친밀한 관계로부터 경험하는 사회적 지지는 나이와 함께 선형적으로 감소했다. 외로움이 정신 건강뿐 아니라 신체 건강에도 악영향을 준다는 점이 연구를 통해 반복적으로 밝혀졌다. 대기오염으로 인한 사망률이 5%인 반면, 외로움으로 인한 사망률은 25%에 이른다.

외로움은 고령화 시대의 가장 큰 위험 요인이 될 것이다. 노년기의 외로움을 해결할 수 있는 방안들을 국가적 차원에서 강구해야 한다. 지역 공동체도 마찬가지다. 무엇보다 개인들 스스로도 돈독한 인간관계를 유지하는 일을 삶의 최우선 가치로 삼아야 할 것이다.

3. 목요병을 경계하라

일주일 동안의 행복을 측정한 결과, 우리가 알고 있던 '월요병'에 이어서 '목요병'이 복병으로 등장했다. 행복이 가장 낮은 요일이 목요일로 밝혀진 것이다. 목요일은 스트레스 지수도 가장 높았고, 불쾌감과 짜증 등 부정적인 정서도 가장 높았다. 전반적인 일상의 행복을 높이기 위해서는 목요병을 관리해야 한다.

우선, 목요일에는 되도록이면 스트레스를 일으킬 만한 사건을 피하는 것이 좋겠다. 스트레스성 사건이 목요일에 일어나는 경우 행복감이 크게 낮아지는 것으로 나타났다. 목요일에 발표되었던 9·13 부동산 대책, 목요일에 치러진 수학능력시험 등은 우리 사회의 행복감을 평소보다 많이 떨어뜨렸다.

휴일을 조정할 수 있는 경우라면, 주말을 몰아쉬기보다는 목요일에 중간 휴일을 마련하는 것도 좋은 방법이다. 월요일에서 수요일까지 일한 뒤 목요일에 쉬고, 금요일과 토요일에 일하고 다시 일요일에 쉬는 등 휴일을 나눠보는 것이다. 모든 국민에게 적용하는 것은 무리겠지만, 개인 사업자들이라면 한번 고려해볼 만하다.

4. 행복 영향 평가를 실시하라

2018년에 발생한 사건들 중 우리의 행복에 가장 큰 영향을 준 사건은 평창 동계올림픽과 1·2차 남북 정상회담이었다.

'경제 효과'에 익숙한 우리 사회는 올림픽과 같은 메가 스포츠 이벤트를 유치할 때마다 그것의 경제적 타당성에 주목한다. 국가의 중요 정책도 마찬가지다. 그것이 우리 경제 활성화에 얼마나 도움이 될지에만 관심을 쏟는다. 정부는 정책 평가의 중요 고려 요소로 경제적 타당성 조사와 환경 영향 평가를 실시하고 있다. 그런데 정작 그 정책의 대상이 되는 사람들의 행복을 고려한 평가는 왜 이루어지지 않을까?

개인들은 중요한 선택을 할 때마다 나름대로 행복 영향 평가를 한다. 어떤 직업을 선택할 것인가, 누구와 결혼할 것인가, 아이를 낳을 것인가? 이런 선택들은 그 선택으로 인해 경험하게 될 자신의 행복 예측에 기반하여 이루어진다. 이제 국민들은 동일한 기준을 국가가 적용해주기를 바란다. 중요한 정책을 결정할 때마다 국민들의 행복에 어떤 영향을 줄 것인지를 예상해보는 행복 영향 평가를 시도해봄직하다.

5. 세종시를 눈여겨보라

지역 간 행복의 차이는 크지 않았다. 그럼에도 불구하고, 행복의 어떤 요소들을 고려하더라도 세종시는 단연 1등이었다. 최근에 발표된 결혼율 데이터에서도 세종시는 1위를 차지했다.

애초부터 행복감이 높은 사람들이 세종시 건립과 함께 이주한 것인지, 아니면 세종시에 살다 보니 행복해진 것인지는 알 수 없다. 그러나 만일 세종시의 생활 환경이 다른 곳과 다르다면, 자세히 들여다볼 필요가 있다. 이 점에서는 제주도도 마찬가지다.

6. 대한민국은 좀 더 여성 친화적인 사회가 되어야 한다

해외 거주 여성들의 행복이 매우 높게 나타났다. 해외 거주 남성들의 행복은 국내 거주 남성들보다 결코 높지 않았다. 이는 대한민국에서의 삶이 여성에게 친화적이지 않음을 시사한다.

우리 사회는 지금보다 더 여성 친화적이 되어야 할 필요가 있다. 연령별·성별 행복 순위에서 20대 여성이 가장 낮은 순위를 차지한다는 점도 걱정거리다.

○
행복 지도는 계속 그려질 것이다

행복 지도는 매년 업데이트될 예정이다. 올해는 참가자들의 나이, 성, 지역에 따른 지도만 그렸지만, 해가 거듭될수록 교육 수준, 연봉 수준, 결혼 여부 등을 고려한 보다 세밀한 지도가 그려질 것이다. 이렇게 매년 행복 지도가 그려지면 국가적으로 중요한 데이터베이스가 될 것이다. 우리가 살아온 삶을 돌아보며 우리를 행복하게 했던 사건들을 추억하고, 우리를 불행하게 했던 사건들을 통해 반성함으로써 더 나은 삶을 설계하는 데 조금은 도움이 될 것이다. 기업도 구성원들의 행복을 측정하여 각자의 행복 지도를 그려보기를 제안한다. 학교도 학생과 교사의 행복 지도를 그려보기를 권한다.

"중요한 것은 측정해야 한다. 측정하면 중요해진다"는 명제를 미션으로 삼아 우리 연구팀은 지금도 대한민국의 행복 지도를 그리는 중이다.

참고문헌

Part 01 대한민국 안녕 보고서

How to Measure Happiness

행복의 측정
• Diener, E. (2000). Subjective well-being: The science of happiness and a proposal for a national index. American psychologist, 55, 34-43.
• Kahneman, D., & Krueger, A. B. (2006). Developments in the measurement of subjective well-being. Journal of Economic Perspectives, 20, 3-24.
• Stone, A. A., & Mackie, C. (Eds.). (2013). Subjective well-being: Measuring happiness, suffering, and other dimensions of experience. Washington, DC, US: National Academies Press.

Happiness in 2018

행복의 정의
• Kashdan, T. B., Biswas-Diener, R., & King, L. A. (2008). Reconsidering happiness: The costs of distinguishing between hedonics and eudaimonia. The Journal of Positive Psychology, 3, 219-233.
• Oishi, S., Graham, J., Kesebir, S., & Galinha, I. C. (2013). Concepts of happiness across time and cultures. Personality and Social Psychology Bulletin, 39, 559-577.
• McMahon, D. (2006). Happiness: A history. New York, US: Atlantic Monthly Press.

세계 국가 간 행복 비교
• Sachs, J. D., Layard, R., & Helliwell, J. F. (2018). World Happiness Report 2018. New York: Sustainable Development Solutions Network: A Global Initiative for the United Nations. http://worldhappiness.report/.

Happiness by Gender & Age

성차와 행복
• Stevenson, B., & Wolfers, J. (2009). The paradox of declining female happiness. American Economic Journal: Economic Policy, 1, 190-225.

나이와 행복
• Frijters, P., & Beatton, T. (2012). The mystery of the U-shaped relationship between happiness and age. Journal of Economic Behavior & Organization, 82, 525-542.
• Stone, A. A., Schwartz, J. E., Broderick, J. E., & Deaton, A. (2010). A snapshot of the age distribution of psychological well-being in the United States. Proceedings of the National Academy of Sciences, 107, 9985-9990.

The Happiest Days of the Week

요일과 행복
• Helliwell, J. F., & Wang, S. (2014). Weekends and subjective well-being. Social indicators research, 116, 389-407.
• Helliwell, J. F., & Wang, S. (2015). How was the weekend? How the social context underlies weekend effects in happiness and other emotions for US workers. PloS one, 10, e0145123.

수면의 질과 행복
• Kalmbach, D. A., Pillai, V., Roth, T., & Drake, C. L. (2014). The interplay between daily affect and sleep: A 2-week study of young women. Journal of Sleep Research, 23, 636-645.
• Groeger, J. A., Zijlstra, F. R. H., & Dijk, D. J. (2004). Sleep quantity, sleep difficulties and their perceived consequences in a representative sample of some 2000 British adults. Journal of Sleep Research, 13, 359-371.

Special Days, Special Happiness?

사회적 사건과 행복
• Dolan P, Kavetsos G, Krekel C, Mavridis D, Metcalfe R, Senik C, Szymanski S, Ziebarth N. R. (2016) The host wins the most? The effects of the Olympic Games on happiness. Discussion Paper. No. 1441. Centre for Economic Performance, London School of Economics and Political Science.
• Kaniasty, K., & Jakubowska, U. (2014). Can appraisals of common political life events impact subjective well-being?. Journal of Applied social Psychology, 44, 751-767.
• Steiner, L., Frey, B., & Hotz, S. (2015). European capitals of culture and life satisfaction. Urban studies, 52, 374-394.

Part 02 대한민국 심리 보고서

Personality

Big 5에 관한 전반적 소개
• McCrae, R. R., & Costa Jr, P. T. (1997). Personality trait structure as a human universal. American psychologist, 52, 509-516.

Big 5 측정 도구
• Goldberg, L. R. (2005). International Personality Item Pool: A scientific collaboratory for the development of advanced measures of personality traits and other individual differences., Retrieved November 2, 2005, from the International Personality Item Pool Web site: http://ipip.ori.org/.
• Goldberg, L. R., Johnson, J. A., Eber, H. W., Hogan, R., Ashton, M. C., & Cloninger, C. R. (2005). The International Personality Item Pool and the future of public-domain personality measures. Journal of Research in Personality, 40, 84–96.

Big 5 성격과 행복과의 관계
• DeNeve, K. M., & Cooper, H. (1998). The happy personality: a meta-analysis of 137 personality traits and subjective well-being. Psychological Bulletin, 124, 197-229.
• Steel, P., Schmidt, J., & Shultz, J. (2008). Refining the relationship between personality and subjective well-being. Psychological Bulletin, 134(1), 138-161.

외향성, 신경증과 행복
• Costa, P. T., & McCrae, R. R. (1980). Influence of extraversion and neuroticism on subjective well-being: Happy and unhappy people. Journal of Personality and Social Psychology, 38, 668-678.
• Vittersø, J., & Nilsen, F. (2002). The conceptual and relational structure of subjective well-being, neuroticism, and extraversion: Once again, neuroticism is the important predictor of happiness. Social Indicators Research, 57, 89-118.

성실성과 행복
• Hayes, N., & Joseph, S. (2003). Big 5 correlates of three measures of subjective well-being. Personality and Individual differences, 34(4), 723-727.

Self-esteem

미국과 일본의 자존감 연구
• Kan, C. et al. Psychological resources as mediators of the association between social class and health: comparative findings from Japan and the USA. Int J Behav Med 21, 53–65 (2014).

53개 국가 자존감 비교 연구
• Schmitt, D. P. & Allik, J. Simultaneous administration of the Rosenberg Self-Esteem Scale in 53 nations: exploring the universal and culture-specific features of global self-esteem. J Pers Soc Psychol 89, 623–642 (2005).

48개 국가 자존감 비교 연구
• Bleidorn, W. et al. Age and gender differences in self-esteem-A cross-cultural window. J Pers Soc Psychol 111, 396–410 (2016).

공포 관리 이론
• Greenberg, J., Solomon, S. & Pyszczynski, T. Terror Management Theory of Self-Esteem and Cultural Worldviews: Empirical Assessments and Conceptual Refinements. Advances in Experimental Social Psychology 29, 61–139 (1997).

나이에 따른 자존감 변화 연구
• Robins, R. W., Trzesniewski, K. H., Tracy, J. L., Gosling, S. D. & Potter, J. Global self-esteem across the life span. Psychol Aging 17, 423–434 (2002).

Materialism

초등학생 장래희망 조사
• JTBC (2016, 2, 29). 공무원·건물주가 '꿈'…청소년들의 현주소. http://news.jtbc.joins.com에서 2019, 1, 24 인출.

인생 목표 조사
• 이상준, 정윤경 (2009). 진로교육지표조사. 서울: 한국직업능력개발원.

물질주의 척도
• Richins, M. L., & Dawson, S. (1992). A consumer values orientation for materialism and its measurement: Scale development and validation. Journal of Consumer Research, 19(3), 303-316.

물질주의 2014년 자료 비교
• 홍경화 (2014). 한국인의 물질주의 성향이 행복에 미치는 영향: 만성적 행복수준과 순간 경험되는 행복감. 서울대학교 대학원 석사학위 청구논문.

세계 가치관 조사
• World Values Survey (2014). Post-materialist index. http://www.worldvaluessurvey.org에서 2019, 1, 30 인출.

Gratitude

행복을 좌우하는 감사의 힘
• Tsang, J. A. (2006). Gratitude and prosocial behaviour: An experimental test of gratitude. Cognition and Emotion, 20(1), 138-148.
• McCullough, M. E., Emmons, R. A., & Tsang, J. A. (2002). The grateful disposition: a conceptual and empirical topography. Journal of Personality and Social Psychology, 82(1), 112-127.

감사하면 달라지는 것들
• Wood, A. M., Froh, J. J., & Geraghty, A. W. (2010). Gratitude and well-being: A review and theoretical integration. Clinical Psychology Review, 30(7), 890-905.
• Gordon, A. M., Impett, E. A., Kogan, A., Oveis, C., & Keltner, D. (2012). To have and to hold: Gratitude promotes relationship maintenance in intimate bonds. Journal of Personality and Social Psychology, 103(2), 257-274.
• Lambert, N. M., Graham, S. M., Fincham, F. D., & Stillman, T. F. (2009). A changed perspective: How gratitude can affect sense of coherence through positive reframing. The Journal of Positive Psychology, 4(6), 461-470.

감사 측정
• McCullough, M. E., Emmons, R. A., & Tsang, J. A. (2002). The grateful disposition: a conceptual and empirical topography. Journal of Personality and Social Psychology, 82(1), 112-127.

Social Comparison

아이오와-네덜란드 비교 성향 척도
• Gibbons, F. X., & Buunk, B. P. (1999). Individual differences in social comparison: development of a scale of social comparison orientation. Journal of personality and social psychology, 76(1), 129-142.

사회비교의 방향과 행복의 관계
• Suls, J., Martin, R., & Wheeler, L. (2002). Social comparison: Why, with whom, and with what effect?. Current directions in psychological science, 11(5), 159-163.

사회비교의 빈도와 행복의 관계
• 한덕웅, 장은영 (2003). 사회비교가 분노경험, 주관안녕 및 건강지각에 미치는 영향. 한국심리학회지: 건강, 8(1), 85-112.

사회비교의 문화차 연구
• White, K., & Lehman, D. R. (2005). Culture and social comparison seeking: The role of self-motives. Personality and Social Psychology Bulletin, 31(2), 232-242.

Social Support

지각된 사회적 지지 척도
• Zimet, G. D., Dahlem, N. W., Zimet, S. G., & Farley, G. K. (1988). The multidimensional scale of perceived social support. Journal of Personality Assessment, 52(1), 30-41.

사회적 지지와 감기 바이러스 연구
• Cohen, S., Doyle, W. J., Skoner, D. P., Rabin, B. S., & Gwaltney, J. M. (1997). Social ties and susceptibility to the common cold. Jama, 277(24), 1940-1944.

사회적 연결망과 행복 연구
• Fowler, J. H., & Christakis, N. A. (2008). Dynamic spread of happiness in a large social network: longitudinal analysis over 20 years in the Framingham Heart Study. Bmj, 337, a2338.

노인 외로움과 알츠하이머병 연구
• Wilson, R. S., Krueger, K. R., Arnold, S. E., Schneider, J. A., Kelly, J. F., Barnes, L. L., Tang, Y. & Bennett, D. A. (2007). Loneliness and risk of Alzheimer disease. Archives of General Psychiatry, 64(2), 234-240.

노인 행복과 사회적 관계 연구
• Chan, Y. K., & Lee, R. P. (2006). Network size, social support and happiness in later life: A comparative study of Beijing and Hong Kong. Journal of Happiness Studies, 7(1), 87-112.

Conclusion

대기오염과 외로움으로 인한 사망률
• Turenne, V. D. (2016, December 21). The pain of chronic loneliness can be detrimental to your health. http://newsroom.ucla.edu/stories/stories-20161206에서 인출.

KI신서 8113
대한민국 행복 리포트 2019

ABOUT H

1판 1쇄 발행 2019년 4월 15일

지은이 최인철, 최종안, 최은수, 이성하, 김남희, 이서진, 이민하, 권유리
펴낸이 김영곤 박선영 **펴낸곳** ㈜북이십일 21세기북스
콘텐츠개발2팀 김동화 김다영 윤지윤
디자인 designgroup ALL
마케팅본부장 이은정
마케팅1팀 나은경 박화인 한경화 **마케팅2팀** 배상현 김윤희 이현진
마케팅3팀 한충희 김수현 최명열 윤승환 **마케팅4팀** 왕인정 김보희 정유진
홍보팀 이혜연 최수아 박혜림 문소라 전효은 염진아 김선아 양다솔
제작팀 이영민 권경민

출판등록 2000년 5월 6일 제406-2003-061호
주소 (10881) 경기도 파주시 회동길 201(문발동)
대표전화 031-955-2100 **팩스** 031-955-2151 **이메일** book21@book21.co.kr

ⓒ 최인철, 최종안, 최은수, 이성하, 김남희, 이서진, 이민하, 권유리, 2019
ISBN 978-89-509-8070-2 13320

㈜북이십일 경계를 허무는 콘텐츠 리더
21세기북스 채널에서 도서 정보와 다양한 영상자료, 이벤트를 만나세요!

페이스북 facebook.com/jiinpill21　**포스트** post.naver.com/21c_editors
인스타그램 instagram.com/jiinpill21　**홈페이지** www.book21.com
서울대 가지 않아도 들을 수 있는 명강의! 〈서가명강〉
네이버 오디오클립, 팟빵, 팟캐스트에서 '서가명강'을 검색해보세요!

· 책값은 뒤표지에 있습니다.
· 이 책 내용의 일부 또는 전부를 재사용하려면 반드시 ㈜북이십일의 동의를 얻어야 합니다.
· 잘못 만들어진 책은 구입하신 서점에서 교환해드립니다.